CLOQUET. — TRACTS ARTISTIQUES. — N° V.

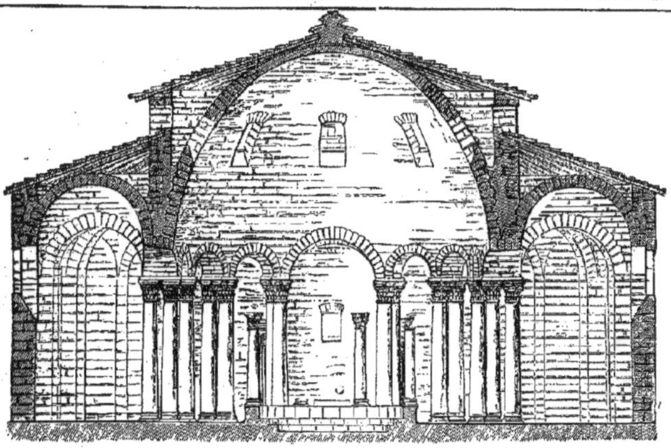

# L'ART MONUMENTAL
## STYLE LATIN.

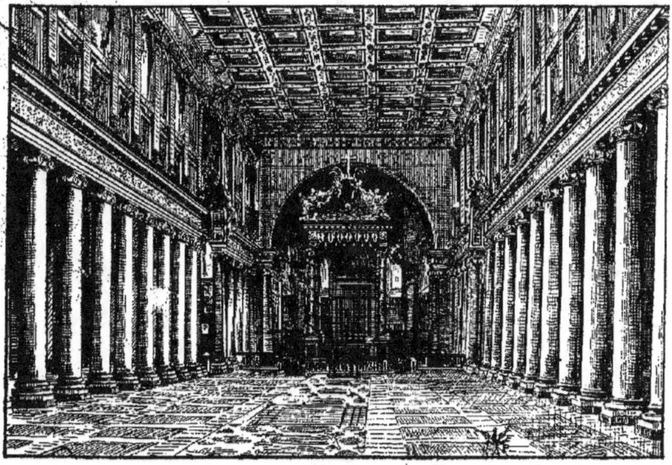

Société Saint-Augustin, Desclée, De Brouwer & Cie

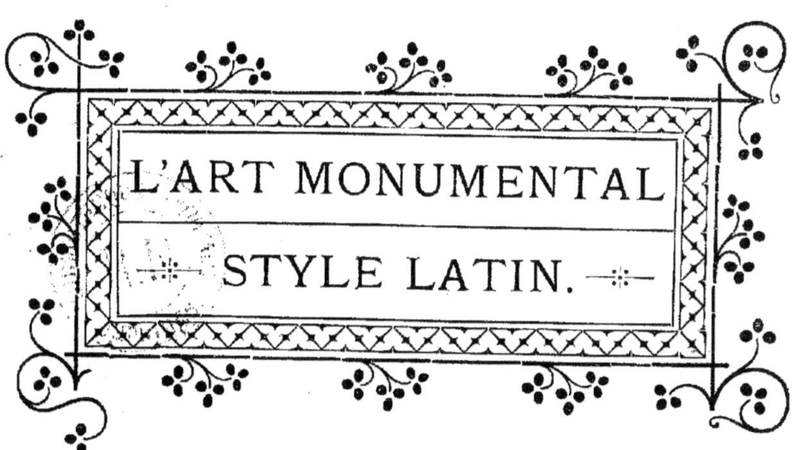


L'ART MONUMENTAL
STYLE LATIN.

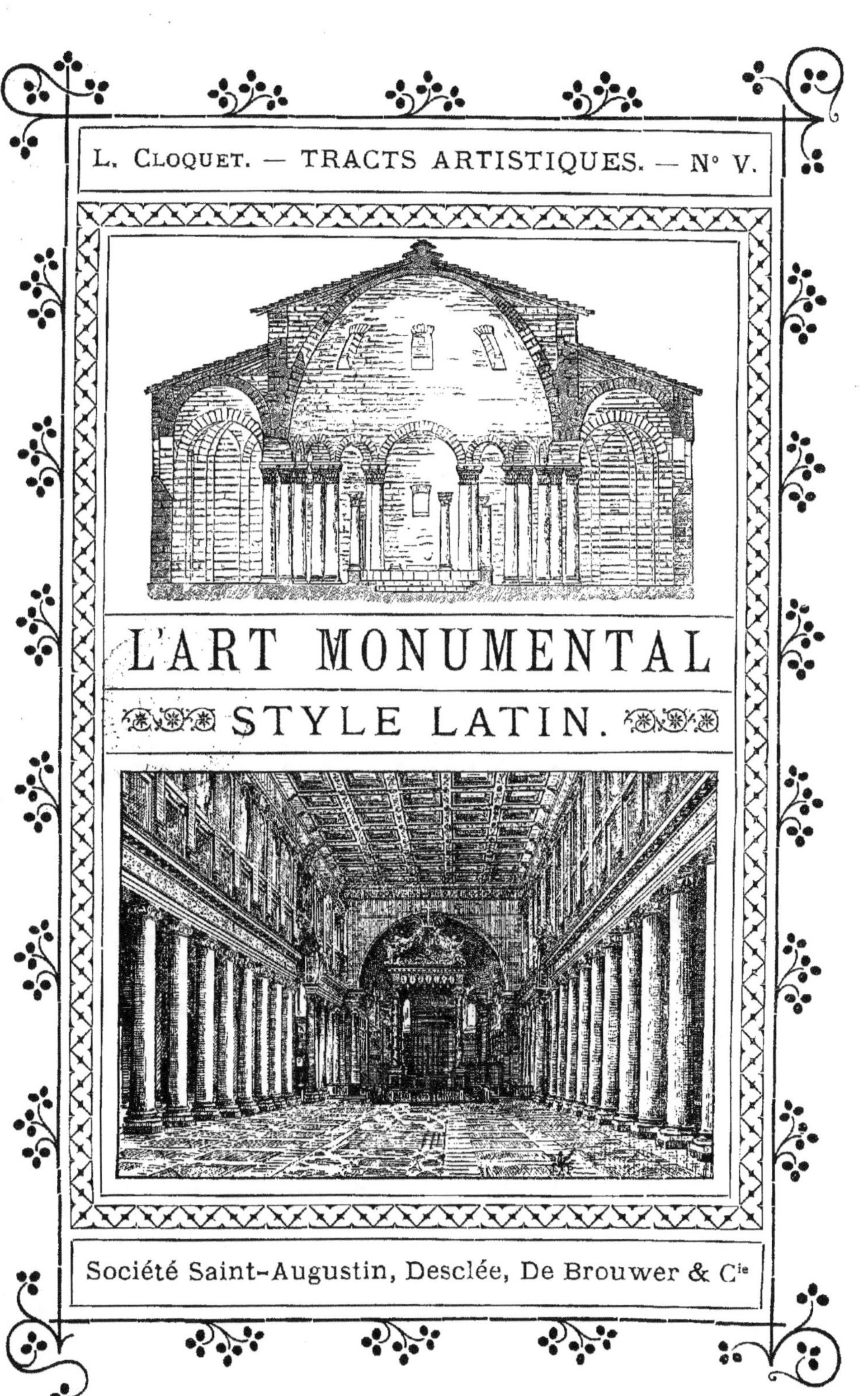



# L'ART MONUMENTAL
## STYLE LATIN.

# BIBLIOGRAPHIE.

Ciampini, *Vetera monumenta.* 3 vol. in-fol. Rome, 1747.

Armellini, *Lezioni di archeologia cristiana.* Rome, 1898.

D^r H. Hubsch, *Monuments de l'architecture chrétienne de Constantin à Charlemagne.* In-f°.

Garucci, *Storia del arte cristiana.* Prato, 1873.

H. Marucchi, *Éléments d'archéologie chrétienne.* 3 vol. in-8°. Rome, Desclée, 1889.

J.-B. de Rossi, *Inscriptiones urbis Romæ.* 2 vol. in-fol. Rome, 1861-88.

A. Pératé, *L'archéologie chrétienne.* In-8°. Paris, Libr. réunies, 1892.

E. Müntz, *Les sources de l'archéologie chrétienne.* (*Mélanges de l'École de Rome, 1880.*)

Grimouard de Saint-Laurent, *Guide de l'art chrétien.* 6 vol. in-8°. 1872.

A. Kempeneers, *Les types des églises bâties par et depuis l'empereur Constantin.* In-8°. Liége, 1841.

F. X. Kraus, *Realencyklopädie der christlichen Alterthümer.* Fribourg, 1880. — *Geschichte der Christlichen Kunst.* Fribourg, Herder, 1902.

E. Reusens, *Éléments d'archéologie chrétienne.* 2 vol. in-8°. Louvain, Fonteyn.

A. Blavignac, *Histoire de l'architecture sacrée du IV^e au X^e siècle, dans les anciens évêchés de Genève, Lausanne et Sion.* In-4°, 1853.

R. Cattaneo, *L'architettura in Italia del seculo VI al mille circa.* Venise, Ongania, 1889.

Bourassé, *Dictionnaire d'archéologie sacrée.* 2 vol. grand in-8°. Migne, 1851.

E. Bertaux, *Rome : de l'ère des catacombes à l'avènement de Jules II.* Petit in-4°. Paris, Laurens, 1904.

A. Gosset, *Évolution historique des églises chrétiennes* (dans la *Revue générale de l'architecture de C. Daly, 1886*).

Salmon, *L'art chrétien aux dix premiers siècles.* In-8°. Desclée, 1890.

Martigny, *Dictionnaire d'antiquités chrétiennes.* Paris, 1877.

Wilpert, *Principienfragen der Christlichen Archäologie*, 1892. — *Bulletino di archeologia cristiana.*

## CATACOMBES.

Bosio, *Roma sotterranea.* In-fol. Rome, Severano, 1632.

Boldetti, *Osservazioni sopra i cimiteri dei SS. Martiri.* 2 vol. in-fol. Rome, 1720

de Rossi, *Roma sotterranea cristiana*, Rome, 1864-1877.

Th. Roller, *Les catacombes de Rome.* 2 vol. in-fol. Paris, Morel, 1879-1881.

J. Spencer Northcote et W. R. Brownlow, *Rome souterraine.* In-8°. Paris, 1872.

X. B. de Montault, *Guide des catacombes de Rome.*

P. Allard, *L'archéologie chrétienne à Rome ; la maison des martyrs.* In-8°. Paris, Sorger, 1895. (Le *Correspondant* du 25 déc. 1894.)

L. Perret, *Les catacombes de Rome, architecture, peinture.* 6 vol. in-fol. 1850-1855

Krauss, *Roma sotterranea.*

D A. Weber, *Die Römischen Katakomben.* Rome, Pustet, 1900.

Schultze, *Archæologische Studien.* Leipzig, 1880.

— *Die Katakumben*, 1882.

Northcote et Brownlow, *Rome souterraine.* Trad. de P. Allard. Paris, 1872.

A. Pillet, *Les catacombes de Rome* (cimetière de Calliste). In-18.

Gaston Boissier, *Cimetière de Calliste* (dans la *Revue générale*, 1869). 2 vol.

H. de l'Épinois, *Les catacombes de Rome*, addit. par P. Allard.

"

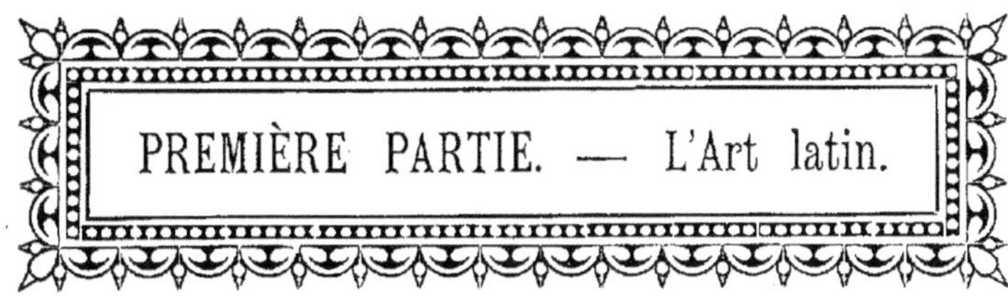

# PREMIÈRE PARTIE. — L'Art latin.

## I. — STYLE LATIN D'ITALIE.

### STYLE LATIN, STYLE BYZANTIN.

Dès son origine l'art chrétien se divise en deux styles bien distincts. Le premier, qu'on appelle le *style latin*, fut adopté par l'Église latine dans l'Italie, l'Illyrie, la Dalmatie et dans toute l'Europe occidentale. Il est caractérisé par l'*imitation de l'architecture romaine* et par l'adoption du *plan basilical* pour les églises (¹).

L'autre style, formé d'un mélange d'éléments romains et orientaux, prit consistance à Ravenne et à Constantinople et s'y développa. On lui donne le nom de *style byzantin*. Il est basé surtout sur l'emploi de la *coupole sur pendentifs* et du *plan en croix grecque*.

Entre la basilique latine et l'église à coupole byzantine, se place le type intermédiaire de l'*église ronde* en Occident.

Nous appellerons, avec E. Reusens et d'autres auteurs, *latino-byzantine* la période que M. Lubke nomme celle de l'*art chrétien primitif*, et qui embrasse ces deux styles, contemporains quant à leur origine.

Le style *byzantin*, caractérisé par une grande stabilité dans ses formes traditionnelles, s'est maintenu jusqu'à la fin du moyen âge, tandis que le style latin a fait place au roman, puis au gothique.

Albert Lenoir a proposé en 1834 de donner le nom de style latin à l'art mérovingien. Nous maintiendrons ce nom (avec beaucoup d'auteurs) pour la période qui s'étend depuis la décadence gallo-romaine jusqu'à l'époque carolingienne.

Le style latin, tel que nous l'entendons, a régné en Occident jusqu'au IXᵉ siècle.

Son *nom* vient de ce qu'il a été employé dans les pays où la

---

1. V. L. Courajod, *Leçons de l'École du Louvre*, publiées par MM. H. Lemonnier et A. Michel, t. I, p. 264.

langue latine était la langue ecclésiastique et vulgaire, et qu'il a régné à peu près aussi longtemps que cette langue.

## CHRONOLOGIE.

Quelques dates historiques de la période latine sont utiles à rappeler, pour suivre l'histoire de l'art à cette époque.

Année 312. — *Conversion de l'empereur Constantin.* Par l'édit de Milan (315), la liberté est rendue à l'Église ; le culte chrétien devient public ; de nombreuses basiliques s'élèvent dans l'empire.

    — 395. — *Invasion des Barbares.*

    — 476. — *Chute de l'empire d'Occident.*

    — 489-493. — *L'Italie est envahie par Théodoric,* roi des Ostrogoths ; Théodoric prend le titre de roi d'Italie ; il établit sa résidence à Ravenne, et y élève des monuments importants.

    — 500. — *Fondation de l'Ordre de Saint-Benoît.*

Des monastères s'établissent en grand nombre dans la chrétienté. Les moines, surtout les bénédictins, prennent la direction de l'architecture et des autres arts.

    — 569. — *Les Longobards s'emparent de l'Italie du Nord,* et se fixent à Milan. Leur reine Théodelinde (584-628) protège les arts.

    — 772. — *Avènement de Charlemagne.*

*Origines de l'architecture chrétienne.* — La décadence de l'art romain se poursuivit durant les premiers siècles de l'ère chrétienne. L'art antique était épuisé, et l'on ne pouvait s'attendre à des créations architecturales nouvelles de la part des chrétiens, réduits par la persécution à se cacher sous terre. Il se passa longtemps avant que le christianisme pût inaugurer l'art nouveau. Né sous Auguste au temps de la splendeur de l'art romain, il resta longtemps enfoui dans les catacombes. Quand le nouveau culte eut le droit de paraître au grand jour, il adopta forcément la forme extérieure de l'architecture païenne ; et lorsque enfin ses adeptes purent élever des églises, ils se servirent des matériaux et des formes qu'ils avaient sous les yeux, abandonnant au temps et aux besoins nouveaux le soin de préparer les éléments d'un art chrétien vraiment original, qui devait plus tard sortir de l'ancien.

## LES CATACOMBES.

Les chrétiens se contentèrent pendant plus de deux siècles, pour l'inhumation de leurs morts et la célébration de leurs mystères, d'excavations pratiquées dans les immenses souterrains qu'ils s'étaient creusés successivement sous le sol de Rome.

*Galeries.* — Elles étaient formées d'étroits couloirs s'étendant sur plusieurs lieues de développement, formant plusieurs étages souterrains, et constituant un inextricable labyrinthe. C'est aux flancs de ces galeries qu'ils pratiquaient leurs sépultures, consistant en *loculi*, selon l'appellation moderne (on disait autrefois *locus*,

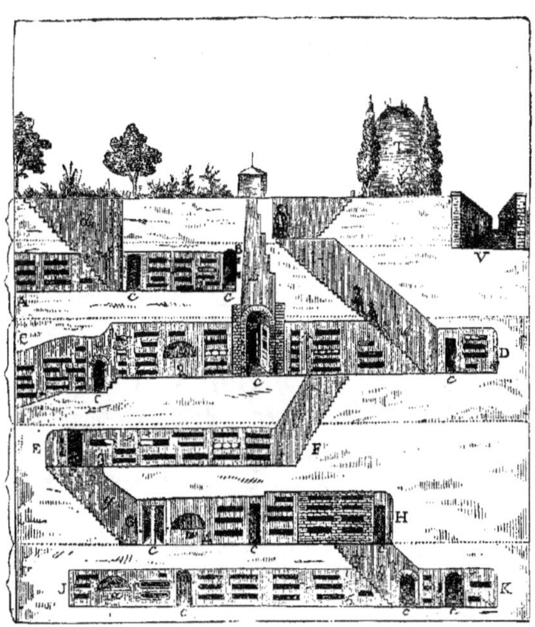

Coupe sur le cimetière de Calliste. — Galeries.

*loca*) (¹), ou niches oblongues creusées dans le tuf, étagées sur toutes les parois et fermées par des plaques de marbre. Les martyrs avaient leur tombeau dans des chambres nommées *cubicula;* ce tombeau était abrité sous l'*arcosolium*, c'est-à-dire sous une arche pratiquée dans une des parois de la chambre funéraire.

La chambre et les galeries étaient ornées de peintures symboliques.

1. Barbier de Montault, *Guide aux catacombes.* — Marucchi, *Éléments d'Archéologie.*

On trouve encore des sépultures intactes avec quantité de peintures dans la catacombe de Comodilla découverte en 1904 ([1]).

Les galeries des catacombes ne sont nullement des galeries de carrières utilisées après coup, comme on l'a parfois avancé.

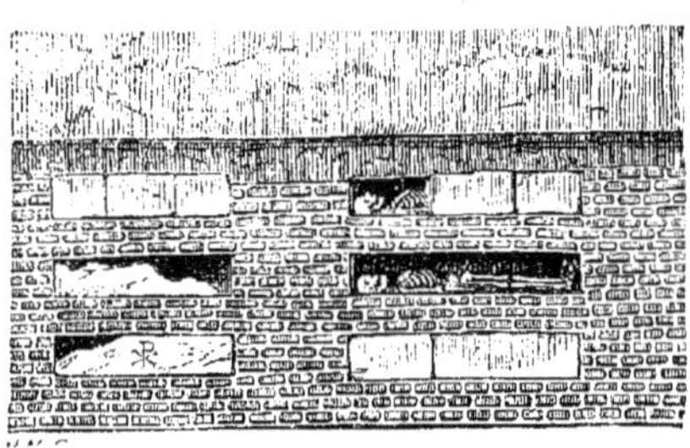

Niches superposées aux catacombes de Calliste.

Il suffit pour s'en convaincre de comparer leur plan à celui des anciennes carrières romaines. Dans celles-ci, l'on a suivi les irrégularités propres à la nature variable des tufs rencontrés ; celles des catacombes, au contraire, ont des tracés rectilignes et relativement réguliers qui témoignent d'un but tout différent.

D'ailleurs, des trois sortes de tufs du sol romain (le lithoïde, le friable et le granulaire), les deux premiers seuls étaient exploités par les Romains, et c'est dans le dernier que les chrétiens ont creusé leurs galeries.

Arcosolium au cimetière de Calliste.

*Oratoires.* — Des chambres plus spacieuses formaient des oratoires ; elles pouvaient contenir au plus environ 80 fidèles. Les saints mystères s'y célébraient en secret. Elles étaient relativement élevées. L'autel était le tombeau d'un martyr, constituant ce qu'on appelait une *confession*. L'art n'était représenté dans ces temples que par des peintures murales qui ornaient les parois, revêtues de stuc. La crypte de S. Hermès constitue un des exemples les plus complets de ce genre d'oratoires.

Plus tard furent construites de vraies églises comme la crypte de Priscille, qui est voûtée, et comme celles des SS. Nérée et Achillée et de S. Clément et autres, enracinées aux catacombes

---

1. V. *Revue de l'Art chrétien*, 1904, p. 253.

mêmes, à. moitié souterraines ; elles communiquaient avec les galeries, mais émergeaient du sol et étaient éclairées par des baies verticales.

Les oratoires des catacombes offraient déjà en germe quelques-unes des dispositions qui devaient se développer dans la *basilique :* l'*arc triomphal* à l'entrée du chœur, le *presbytère* en forme d'abside, le *chancel* en avant de celui-ci, la forme oblongue, etc., dispositions qu'on rencontre dans la crypte de S. Hermès ([1]).

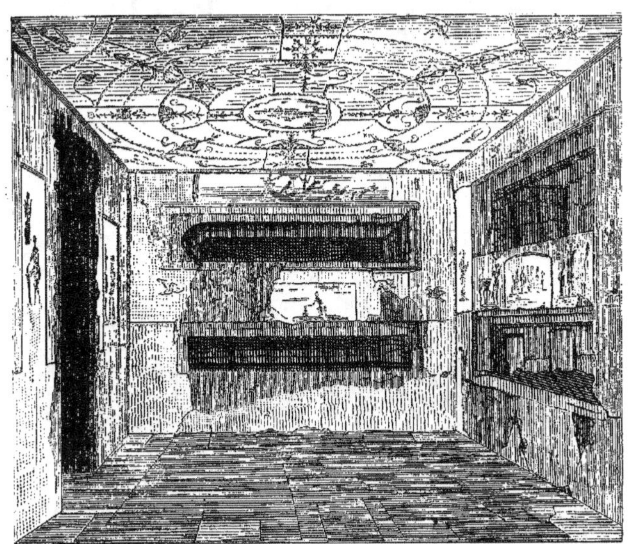

Oratoire au cimetière de Calliste.

Des catacombes existent ailleurs qu'à Rome, notamment en Sicile, à Syracuse ([2]), même en Gaule ([3]), à Marseille, etc.

On a trouvé dans les catacombes de Sicile des hypogées à trois nefs.

*Sarcophages.* — Les chrétiens continuèrent à faire usage, comme

---

1. V. *Les catacombes*, par E. Reusens. *Académie d'Archéologie belge*, 1866, p. 5. — *Revue de l'Art chrétien*, 1892, p. 354.

2. V. D<sup>r</sup> J. Fuhrer, *Forschungen zur Sicilia sotterranea*, in-4°, Munich, 1887.

3. V. Le Maître, *Les catacombes de la Gaule chrétienne. Revue de l'Art chrétien*, 1902, p. 278.

les païens quand ils n'incinéraient pas les corps, de cercueils en
pierre nommés *sarcophages*. Ainsi la partie la plus ancienne du cimetière de Domitilla avait été faite pour recevoir, non pas des niches
creusées dans les parois, mais bien des sarcophages. Mais durant

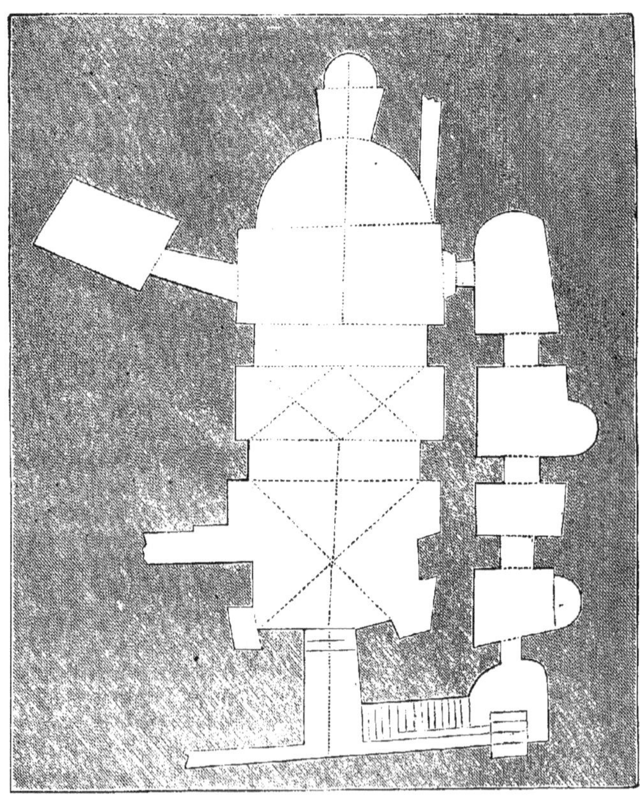

Plan par terre de la crypte de saint Hermès.

la persécution, ce mode de sépulture parut souvent trop luxueux,
même pour les martyrs les plus vénérés. On se contenta parfois de
tailler le tombeau à même la roche et de le recouvrir de la tablette
sur laquelle on offrait, dans l'arcosolium, le saint Sacrifice. C'était
la sépulture dite *a mensa*.

Les plus simples des sarcophages étaient ornés sur leurs flancs de *strigiles;* une inscription courait sur la tranche du couvercle. D'autres étaient ornés de monogrammes et de bas-reliefs. On voit au Vatican des tombeaux *bisomes* (de deux époux) ornés de leurs portraits dans un médaillon en forme de bouclier *(imagines*

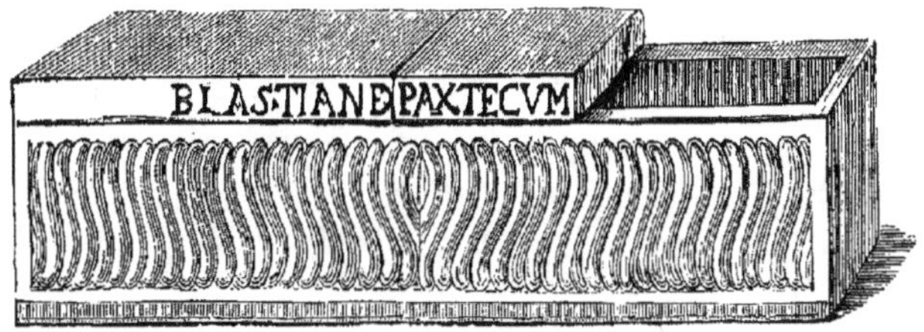

Sarcophage strigillé au cimetière de Calliste.

*clypeatae).* Quelquefois les deux personnages sont debout et se donnent la main comme dans le sarcophage de Probus. Quelquefois

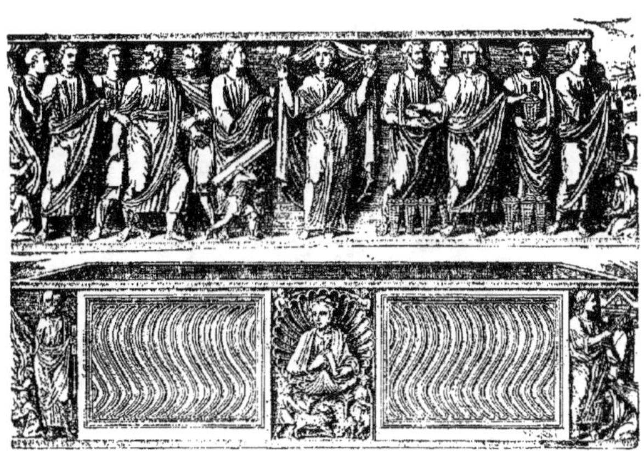

Sarcophage trouvé au Vatican.

encore les sarcophages avaient leurs faces latérales couvertes de bas-reliefs historiques ou symboliques.

## LES BASILIQUES.

*Églises à ciel ouvert.* — A la suite de la conversion de l'empereur Constantin et de l'édit de Milan (313), qui donnait la paix à l'Église, les temples chrétiens s'élevèrent à l'air libre dans toute l'étendue de l'Empire romain. L'architecture chrétienne inaugura une ère nouvelle et glorieuse. Partout s'élevèrent de somptueuses basiliques dressant leur maître-autel sur la tombe vénérée des martyrs (').

Ce mot basilique a pris depuis deux significations distinctes : une signification *architecturale* qui s'applique à une forme de bâtiment bien caractérisée, et une signification *canonique* qui rappelle un privilège.

La forme de l'édifice fut celle de la basilique profane.

Par sa signification canonique, le mot basilique exprime une primauté d'honneur décernée par le Saint-Siège. On distingue les basiliques *majeures* ou *patriarcales*, et les basiliques *mineures*.

Les basiliques majeures, nommées aussi patriarcales, sont, à Rome, Saint-Jean-de-Latran, Saint-Pierre au Vatican, Sainte-Marie-Majeure, Saint-Paul hors les Murs et Saint-Laurent hors les Murs, corrrespondant aux cinq grands patriarcats du monde catholique. La basilique de Saint-François, à Assise, est également basilique majeure.

A Rome on compte aussi cinq basiliques mineures, qui observent cet ordre hiérarchique : Sainte-Marie in Trastevere, Saint-Laurent in Damaso, Sainte-Marie in Cosmedin, Sainte-Marie de Montesanto, et Sainte-Marie sur Minerve.

Les privilèges des basiliques sont: l'usage du pavillon et de la clochette aux processions, de la cappa pendant l'hiver ou du rochet sous la cotta pendant l'été (²).

Constantin, après avoir donné la liberté aux chrétiens, les encouragea dans l'édification de leurs basiliques.

---

1. A Rome, le Pape Silvestre III éleva la basilique constantinienne, l'église-mère, la basilique vaticane, où reposent saint Pierre et les papes des deux premiers siècles, la basilique de Saint-Paul, abritant les reliques de l'apôtre des Gentils. Une multitude d'autres églises s'élevèrent dans la chrétienté.

Dès le IV<sup>e</sup> siècle Rome posséda les quatre basiliques patriarcales : Saint-Pierre, St-Jean-de-Latran, Ste-Marie-Majeure et St-Paul hors les murs, sans compter une multitude d'autres, à Rome même, en Italie, en Orient, en Gaule même, où il faut citer surtout St-Irénée de Lyon et la basilique de Trèves.

2. On compte actuellement en France, quarante-deux basiliques mineures : dix-neuf cathédrales : Aix, Amiens, Arras, Avignon, Besançon, Chambéry, Le Puy, Mende, Nevers, Nîmes, Orléans, Paris, Perpignan, Rodez, Saint-Brieuc, Séez, Soissons, Valence et Vannes ; — cinq anciennes cathédrales : Apt, Arles, Boulogne, Saint-Omer et Saintes ; — neuf églises paroissiales : Saint-Epvre, à Nancy ; Saint-Nicolas, à Nantes ; Saints-

Les fidèles,qui s'étaient multipliés à l'abri des catacombes, eurent subitement besoin de temples spacieux à la fois pour la célébration des saints mystères et l'assistance nombreuse de fidèles dans le temple même. C'était là une chose nouvelle au monde; le temple païen n'avait été qu'un lieu mystérieux, réservé aux prêtres et inaccessible au peuple relégué sous les péristyles.

Les chrétiens avaient, durant deux siècles, pratiqué leur culte sous terre sans songer aux temples à ciel ouvert. Obligés tout à coup d'organiser de nombreuses réunions sous toit, ils ne purent improviser une architecture nouvelle pour satisfaire au vaste programme qui s'imposait soudain, mais ils durent choisir parmi les formes des édifices usités chez les Romains.

Le type des temples païens, qui était sous leurs yeux, ne pouvait leur convenir. D'abord le paganisme leur faisait horreur, et d'ailleurs la disposition de ces temples ne se prêtait pas aux assemblées chrétiennes : le temple gréco-romain était relativement petit et mal éclairé, et ne donnait place qu'aux sacrificateurs ; les fidèles n'y avaient pas accès. Chez les chrétiens, le culte passa naturellement de l'oratoire domestique à la basilique privée attachée à beaucoup d'habitations romaines. Puis, pour leurs grandes assemblées, ils empruntèrent le plan des basiliques civiles, qui étaient à la fois des bourses et des prétoires. Les premières églises en furent une copie fidèle. Le nom même de ces bâtiments profanes est resté aux plus vénérables de nos églises.

Les savants discutent la question de savoir si les premiers chrétiens ont simplement imité les basiliques païennes, ou s'ils en ont adopté et *utilisé* quelques-unes. Cette dernière opinion est réfutée par E. Reusens en ces termes :

« Cette transformation n'aurait pu avoir lieu qu'après la conversion de Constantin, au moment où l'Église obtint sa liberté. Or, même pour cette époque, l'hypothèse est inadmissible ; après comme avant la conversion de Constantin, les basiliques profanes avaient leur destination primitive, celle de servir de palais de justice et de bourses commerciales.

Donatien-et-Rogatien, à Nantes ; Paray-le-Monial ; Saint-Remy, à Reims ; Saint-Quentin ; Saint-Eutrope, à Saintes ; Notre-Dame de la Daurade, à Toulouse ; et Notre-Dame du Roncier, à Josselin ; — six églises réceptices : Notre-Dame d'Afrique, à Alger ; Sainte-Anne d'Auray ; Notre-Dame de Bon-Encontre, à Agen; Notre-Dame de Lourdes, Notre-Dame d'Issoudun, Notre-Dame de la Salette.

» D'ailleurs, aucun fait, aucun témoignage historique ne peut être invoqué en faveur de cette opinion ([1]). »

Les auteurs qui soutiennent cette thèse admettent sans la moindre preuve, que Constantin transforma plusieurs basiliques profanes en églises, et citent, comme exemples, les basiliques de Saint-Jean de Latran et de Sainte-Croix en Jérusalem à Rome. Or, Constantin ne céda pas des basiliques, mais bien deux de ses palais, pour que, sur leur emplacement, on élevât des temples chrétiens. Il put néanmoins y avoir des exceptions. On cite des textes qui ne laissent guère de doute à cet égard ([2]).

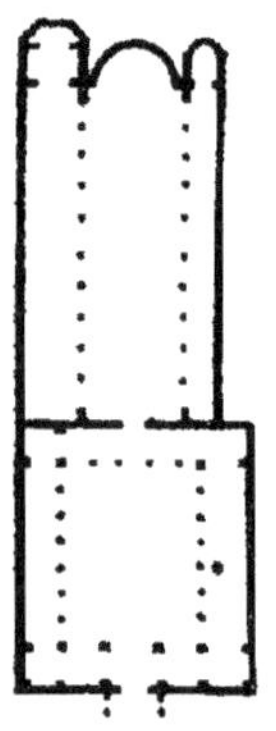

Basilique
et atrium.

*Description de la basilique chrétienne primitive.* — Le plan de la basilique était assez vaste pour contenir des multitudes, les grouper suivant l'ordre établi par l'Église, et déployer les pompes de la religion chrétienne, devenue celle de l'État.

Au lieu d'élever leurs basiliques en bordure d'une place publique, sur le forum, comme faisaient les païens, les chrétiens les firent précéder d'une cour carrée, entourée de portiques à l'instar de l'*atrium* privé, et qui porta le même nom ; cette cour éloignait le sanctuaire des bruits extérieurs et donnait place à une catégorie spéciale de fidèles exclus du temple ([3]).

La basilique proprement dite avait la forme d'un rectangle allongé : elle comprenait généralement trois nefs et une abside.

Un portique extérieur, nommé *anteporticus*, qui servait à abriter les mendiants, donnait accès à la cour, ou *atrium*, appelée aussi *impluvium* ou *paradisus* ; c'est de ce dernier nom qu'est venu le mot français *parvis*, qui dénomme encore des places publiques devant l'entrée principale de certaines cathédrales ([4]). De son côté le nom de l'*atrium* s'est conservé jusqu'à nos jours, sous la forme *aitre* ou *âtre*, donné aux cimetières entourant nos églises anciennes.

---

1. Reusens, *Ouvr. cit.*
2. V. Salmon, *Histoire de l'Art chrétien*, p. 240.
3. L'atrium existe encore à Saint-Ambroise de Milan et à la cathédrale de Padoue.
4. Par exemple, le *Parvis Notre-Dame* à Paris.

L'atrium était bordé de trois ou quatre côtés de galeries couvertes, munies de balustrades ou *cancels*. Au centre s'élevait une *fontaine*, où les fidèles se lavaient les mains et le visage avant d'entrer dans le temple.

Parfois apparaît à l'entrée du temple, comme à la basilique de *Sainte-Agnès à Rome* (IVe siècle), un portique intérieur, nommé *narthex*, occupé par les personnes qui n'étaient admises à suivre qu'une partie de l'office. Un rideau était tiré pour leur cacher d'autres parties des saints mystères.

Au siècle suivant, comme on le voit aux basiliques de Saint-Paul hors les murs et de Saint-Jean de Latran, le narthex est rejeté dehors et forme un des côtés du portique de l'atrium. Alors le narthex est une sorte de vestibule formé par la partie du portique de l'atrium adossée à la façade.

L'atrium et le narthex étaient occupés pendant l'office par ceux auxquels la discipline ecclésiastique défendait de prendre part à l'assemblée des fidèles. Des pénitents des deux catégories occupaient respectivement la cour et la galerie. C'est au narthex que se donnaient les *absoutes* et que se consacraient les mariages ([1]).

Des portes, ordinairement au nombre de trois, donnaient accès dans la basilique proprement dite, habituellement divisée en trois nefs par deux rangées de colonnes quelquefois en cinq nefs, comme à Saint-Paul hors les Murs.

La grande nef était réservée à un nombreux clergé et aux cérémonies du culte. Les fidèles occupaient les petites nefs, les hommes,

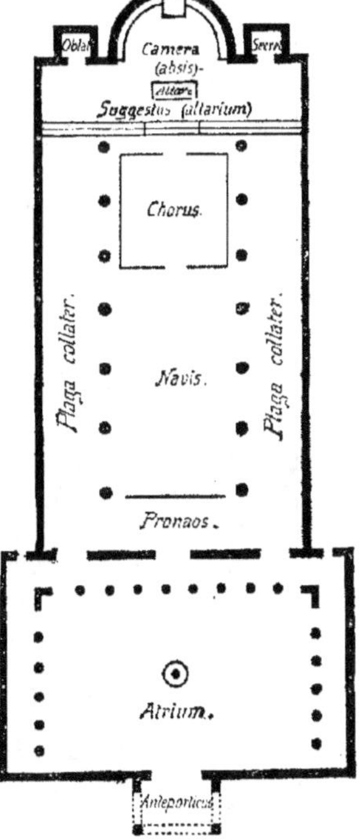


Plan de la basilique païenne appropriée au culte chrétien.

---

[1]. Ce dernier usage s'est maintenu jusqu'au moyen âge ; au XIIIe siècle on mariait encore au parvis du portail méridional des cathédrales de France.

du côté de l'Évangile, les femmes du côté de l'Épître ; quand il y avait un étage de galeries au-dessus des petites nefs, le rez-de-chaussée était réservé aux hommes, l'étage, dévolu aux femmes.

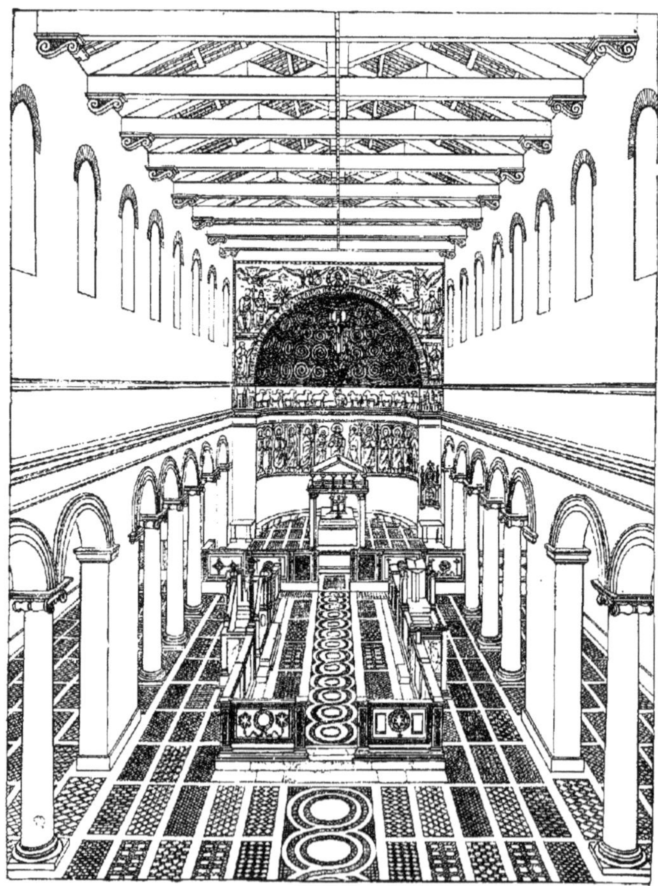

Intérieur de la basilique de Saint-Clément à Rome.

Vers le haut de la nef se rencontraient les *ambons*, chaires destinées à la lecture des livres saints.

Le sanctuaire, où les laïcs ne pouvaient pénétrer, dominé par *l'arc triomphal*, occupait le fond terminé en hémicycle ; l'abside était surélevée de quelques *degrés*, ce qui l'a fait appeler aussi *béma;* les parois de la voûte de l'*abside* furent dès l'origine décorées avec richesse de marbres multicolores et de mosaïques. L'abside resta *aveugle* aussi longtemps qu'elle fut tournée vers l'Occident. Dans cette abside se trouvait le trône de l'évêque et le siège des prêtres[1]; aussi prit-elle le nom de *presbyterium.* Le sanctuaire faisait une certaine saillie sur les nefs, et était séparé de celles-ci par une balustrade nommée *cancelli* [2], établie entre les *ambons.* Cet espace rectangulaire contenait la *schola cantorum ;* entre cette schola ou *chorus* et le presbyterium était établie la *pergula* ou *iconostasis.* C'était un entablement destiné à recevoir des chandeliers, des lampes, des objets du culte, plus tard des images de saints et porté sur colonnettes.

L'autel se dressait entre le chancel et l'abside, abrité toujours sous le *ciborium,* sorte de baldaquin, formé d'un riche couronnement porté sur quatre colonnes ; cet abri respectueux constitue une des plus hautes expressions de l'hommage rendu à la divinité.

Enfin deux annexes établies aux flancs de l'abside et nommés *pastoforium* servaient l'une de sacristie, l'autre de dépôt des offrandes de pain et de vin faites par les fidèles pour le saint sacrifice.

En élévation la basilique se présentait comme le montre le croquis ci-contre, qui offre une restitution de l'ancienne basilique de Saint-Pierre. Il faut faire abstraction des bâtiments s'élevant en deçà de l'atrium. La façade principale et celles du transept sont couronnées d'un fronton, percé de un ou deux rangs de fenêtres en triplet. Quand il n'y en a qu'un rang, celle du milieu est plus haute. Les petites nefs sont couvertes en appentis; la grande, en dos d'âne ainsi que le transept. La couverture est en tuiles plates à rebords. Entre les deux toits sont rarement percées des fenêtres. Le fronton de la façade est parfois percé d'un oculus.

---

1. Ces sièges consistaient ordinairement en des bancs de pierre disposés au pourtour de l'abside. On en a retrouvé à la basilique St-Pierre de Genève. Cette disposition existe encore à l'église de Torcello, près de Venise.

V. *Revue de l'Art chrétien,* 1894, janvier.

2. Dans la *Coutume générale du pays de Hainaut* on met à la charge des décimateurs les réparations à faire aux *Chœur et Chanceaux* (Voir *Bull. de la Gilde St-Thomas et St-Luc,* 1871, p. 30).

Devant cette façade règne le narthex, avec sa colonnade et son toit en appentis, derrière lequel s'ouvrent trois portes (¹).

Telle est la basilique primitive, reconstituée par les archéologues. Elle se modifiera bientôt, et se développera avec une logique, un esprit de suite remarquables (²).

La forme générale choisie dès lors pour l'église chrétienne était essentiellement bien adaptée au besoin liturgique. Cette forme offre au surplus une valeur d'expression remarquable. « Une secrète puissance, dit Lamennais, vous attire vers le point où convergent les longues nefs, là où réside, voilé, le Dieu Rédempteur de l'homme et réparateur de la Création, et d'où émane la vertu plastique, qui donne au temple sa forme. »

On trouve exceptionnellement, dès les premiers siècles, des églises de formes différentes, notamment à plan trifolié, à trois

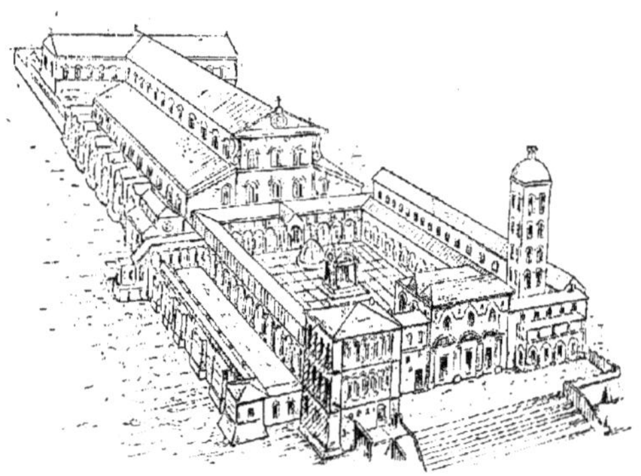

Restitution de l'ancienne basilique Saint-Pierre, par le Dʳ Kraus.

absides en trèfle, comme le sanctuaire de Saint-Soter à Rome, ou en croix grecque, comme était la basilique dont les vestiges furent retrouvés vers 1900 par Mgr Wilpert près de la voie Ardéatine, en même temps que la crypte de Saint-Damase.

Mgr Ephrem Rhâmard, patriarche syrien d'Antioche, a découvert à Mossoul des lettres manuscrites de 1654, contenant des textes, notamment le *Testamentum domini* dont les constitutions apostoliqués n'ont été en quelque sorte que le commentaire (³). On

1. V. Alb. Lenoir, *Architecture monastique.*

2. V. *Ann. arch.* de Didron, t. IV, p. 142; t. VIII, 177; t. XIII, p. 140 ; t. XIV, p. 392; t. XVIII, p. 177. — *Basil. chrét.*, t. XIII, p. 145 ; *Basil. constant.*, t. V, p. 99 ; t. XXIV, p. 210; *Basil. primitives*, t. XVI, p. 71 ; *Basil. romanes*, t. I, pp. 342, 184 ; t. V, p. 97 ; XXIV, p. 280.

3 Mgr Battandier. V. *Revue de l'Art chrétien*, année 1899, p. 515.

y voit comment était disposée l'église aux premiers temps du christianisme ([1]), IIe siècle.

*Campaniles.* — Le campanile est une tour surmontée d'un toit bas en pavillon, percée de plusieurs étages de fenêtres ordinairement géminées ou en triplet; il était placé au flanc de la basilique. Il n'apparaît qu'à la fin de l'époque latine. Les plus anciens campaniles sont ceux de Saint-Vital de Ravenne et de Saint-Laurent de Milan. Ceux de Ravenne sont des tours rondes ([2]). Le campanile de Sainte-Françoise romaine, le plus remarquable de Rome, remonte au XIe siècle; la plupart des autres ne datent que des XIe et XIIe siècles; celui des Saints-Jean et Paul au Cœlius est du XIIe siècle, Sainte-Marie *in Cosmedin* possède un très beau campanile du XIe siècle restauré, à sept étages de fenêtres à trois jours; il passe pour le plus élégant.

## ORIENTATION.

Les basiliques furent de bonne heure *orientées*, c'est-à-dire que leur grand axe était dirigé de l'Occident à l'Orient, le chevet vers l'Occident. Les premières basiliques n'obéissent pas régulièrement à la loi de l'orientation, dont on attribue la promulgation à saint Clément. Mais c'est un usage des Chrétiens, remontant aux apôtres, qui subsiste à travers les siècles et fut souvent confirmé par l'autorité ecclésiastique, que de prier en se tournant vers le point de l'horizon où se lève, à l'heure des offices du matin, le soleil, image de la Vérité qui s'est levée sur le monde; vers l'Orient, qui fut le berceau du christianisme; vers la ville sainte de Jérusalem et vers le tombeau du Sauveur. L'orientation des églises est encore aujourd'hui une règle, à laquelle, il est vrai, on déroge trop souvent par un regrettable abus.

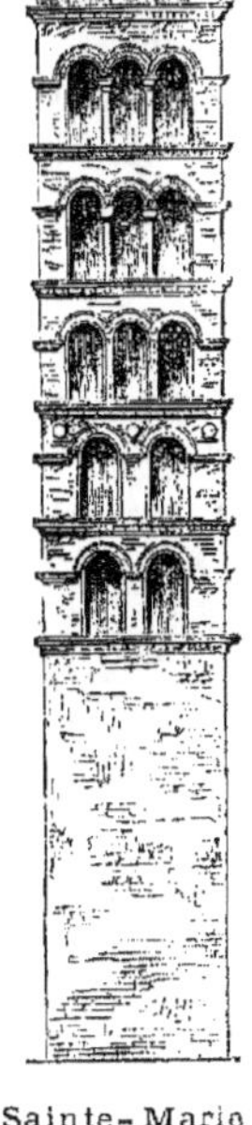

Sainte-Marie *in Cosmedin*, façade principale restaurée.

---

1. V. Ch. XIX et suiv. du livre I de *Testamentum domini*, Leipzig, W. Drugulio.

2. Saint-Apollinaire *in classe*, Saint-Apollinaire *in citta*, Sainte-Marie-Majeure. Les autres sont généralement carrés.

Or, à l'origine, le prêtre chargé de la prière commune officiait en dirigeant la figure vers la porte, et par conséquent en regardant l'Est, lorsque l'abside était tournée vers l'Ouest. Pendant une grande partie de l'office les fidèles se tournaient comme lui vers l'entrée de l'église ; ils ne prenaient la position opposée que pendant la première partie, consacrée spécialement aux prédications, et à la lecture des Livres Saints.

Aux $V^e$ et $VI^e$ siècles, on éleva à Ravenne et en Orient plusieurs églises, dont le sanctuaire était placé à l'Orient. Le *retournement de l'orientation* devint rapidement général, surtout sous l'influence causée par l'exemple de Sainte-Sophie de Constantinople. Dans l'Église d'Orient le nouveau mode avait détrôné l'ancien à la fin du $VI^e$ siècle.

En Occident le changement s'opéra plus lentement. Il n'y fut complet que dans le courant du $VIII^e$ siècle. Tandis que chez les Orientaux le prêtre continua à se placer derrière l'autel, dans l'Église latine d'Occident, il se plaçait devant l'autel, ayant, comme les fidèles, la tête tournée vers le fond de l'abside, c'est-à-dire vers l'Est ([1]).

## CONSTRUCTION.

La construction de cette première époque chrétienne est basée sur l'imitation de l'architecture antique et sur le réemploi de matériaux des édifices païens.

En ce qui concerne le gros œuvre, les murs sont souvent construits en moellons, avec chaînes horizontales interposées de

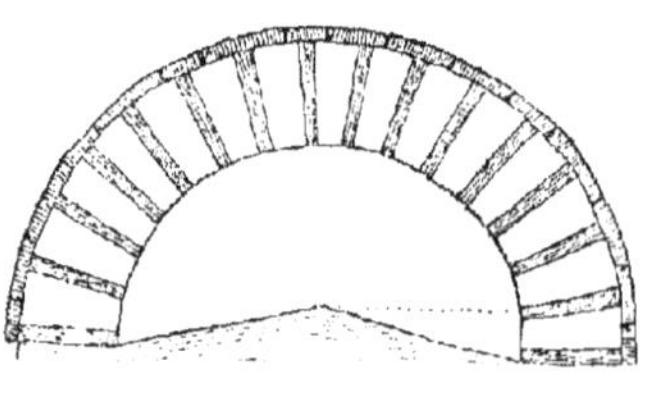

briques. Les cintres des arcades ont des voussoirs en pierre alternant avec de grandes tuiles. Parfois l'arc est entouré d'un cintre de tuiles, comme on le voit dans la figure que nous reproduisons. On faisait aussi des arcs tout en grandes briques.

On fit d'ailleurs usage des divers appareils romains, grand appareil régulier ou irrégulier, moyen appareil, petit appareil, *opus*

---

1. V. Duhamel-Decejan, *De la construction et du mobilier des églises à l'heure présente*
V. Tertullien, *Apol.*, cap. XVI. — S. Jérôme, *In Amos*, III. — S. Basile, *De Spirit sanct.*, XXVII, 66. — S. Isidore de Séville, *Orig.*, XV, 4.

*isodomum, opus reticulatum, opus spicatum, opus incertum ;* ces derniers surtout furent appliqués selon les circonstances ([1]).

Les parois intérieures sont formées dans le principe de revêtements de marbre, de stuc ou d'enduits, couverts par la suite de fresques ou de mosaïques à fonds d'or.

L'élément peut-être le plus caractéristique de la basilique chrétienne est la colonnade qui la divise en trois nefs. Non seulement l'idée en est empruntée à l'architecture païenne, mais, incapables de tailler ou de sculpter des colonnes avec leurs bases et chapiteaux, les constructeurs de ces édifices les arrachent aux temples païens, et quand un édifice profane ne leur fournit pas des colonnes

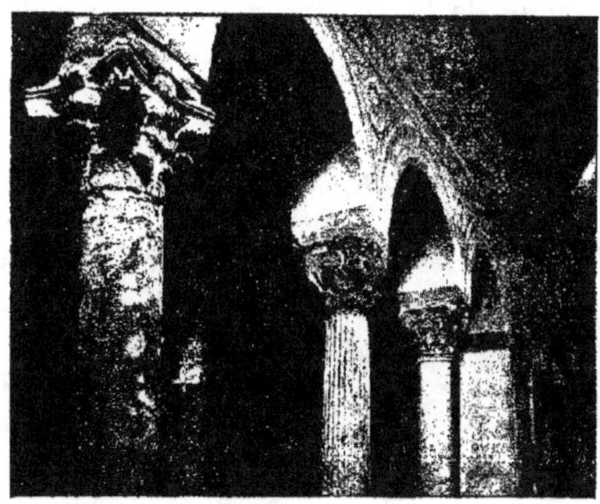

Chapiteau de Sainte-Marie *in Cosmedin.* (Photogr. Parker.)

en quantité suffisante pour établir la double épine de leur vaisseau, ils n'hésitent pas à associer des éléments mal assortis et des colonnes disparates. On voit de curieux exemples de ces constructions hétérogènes à Saint-Clément, à Sainte-Marie *in Cosmedin*, à Sainte-Marie *in Trastevere*, à Saint-Paul hors les Murs dans son curieux entablement, etc. à Saint-Georges *in Velabro*, où l'on voit d'un côté des colonnes corinthiennes, de l'autre des colonnes ioniques ([2]). Les belles colonnes de Sainte-Marie-Majeure proviennent, dit-on, du temple de Junon ; Sainte-Sabine fut construite avec les débris du temple de Diane. La basilique de Saint-Sylvestre, dont les subs-

1. V. J. Quicherat, *Mélanges,* t. II, p. 368.
2. V. Gailhabaud, *Monuments anciens et modernes,* t. II.

tructions ont été découvertes par de Rossi, en 1890, hors la porte Salara, fut construite avec les matériaux de la villa des Acilius Glabrion (¹).

Deux genres de structure se présentent ici pour les basiliques. Les unes, comme celle de Sainte-Marie-Majeure, ont les hauts murs portés sur colonnades architravées; d'autres, comme Saint-Paul hors les Murs, Saint-Clément, Sainte-Marie *in Cosmedin*, ont les arcades directement portées par les colonnes. Nous trouvons ici une ordonnance hardie, que les Romains avaient déjà tentée, notamment au palais de Spalatro, et qui constitue un progrès notable dans l'art architectural. Le système devint bientôt général (²). Pour assurer la stabilité de la construction dans le sens longitudinal, on interrompait parfois la colonnade par des piliers ou par un bout de mur, ainsi qu'on le voit au milieu des nefs de Saint-Clément.

Quelques basiliques offrent sur les bas-côtés deux galeries étagées, comme celle de Sainte-Agnès hors les Murs ; il en était de même dans la basilique de Sainte-Cécile du Transtevere. Au surplus, Saint-Paul hors les Murs offre un double bas-côté, cinq nefs, et c'était le cas aussi pour la primitive basilique de Saint-Pierre.

Bientôt le système des arcades appuyées directement sur des

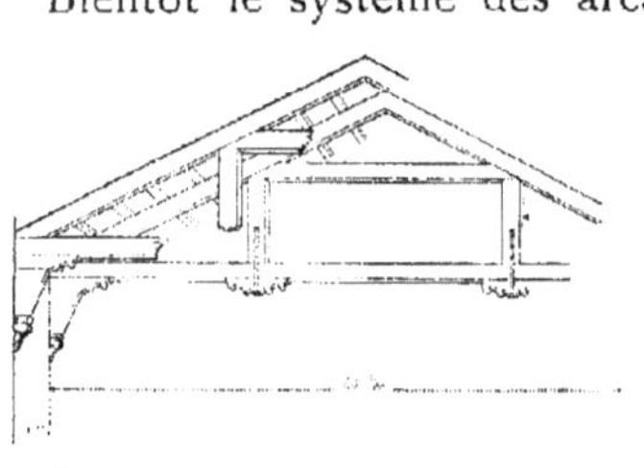

colonnes devint tout à fait général. Les tours, palais et portiques figurés dans les mosaïques du chœur de la basilique de Sainte-Pudentienne à Rome, présentent tous des constructions en arcades sur colonnes et sans fronton.

Charpente de Saint-Apollinaire
*in classe* à Ravenne.

Les basiliques étaient couvertes de charpentes solides, et primitivement apparentes (³). Les combles

---

1. Elle offrait la forme d'un carré de 18 mètres de côté divisé en trois nefs et terminé sur une abside de 5 mètres de rayon entourant la confession ; elle a dû être élevée après la paix de l'église par le pape S. Sylvestre lui-même (v. de Rossi, *Bull. d'Archéol. chrét.* (1890, 4ᵉ fasc.).

2. V. Pérnté, *Archéologie chrétienne*, p. 209, et Salmon, *Histoire de l'art chrétien pendant les dix premiers siècles*, p. 261.

3. La charpente restait apparente notamment aux primitives basiliques de Saint-Pierre, de Saint-Paul hors les Murs, de Sainte-Agnès, de Sainte-Cécile. Ce n'est que plus tard

sont à pente douce, et sont établis sur de solides entraits soulageant les murs goùtterots de toute poussée. Les fermes étaient rehaussées de polychromie ([1]). On ajouta parfois sous les entraits un plafond richement décoré, rehaussé de caissons et de dorures ; la première application paraît en avoir été faite à Sainte-Marie-Majeure.

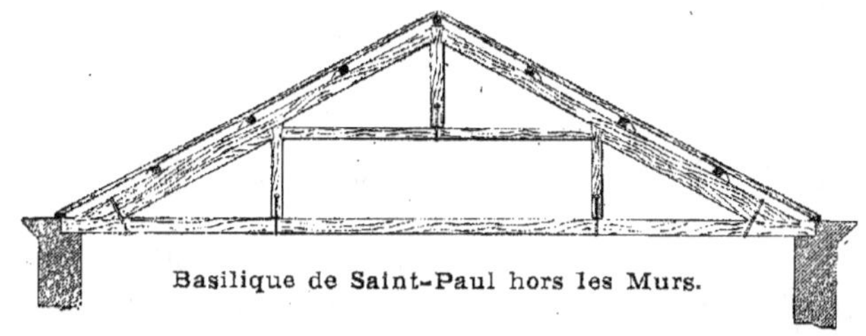

Basilique de Saint-Paul hors les Murs.

Parfois, la nef centrale était traversée de distance en distance par un grand arc au-dessus duquel un mur s'élevait en pignon jusqu'au-dessus des combles, interrompant le comble de manière à arrêter éventuellement les progrès d'un incendie ; c'est ce que l'on

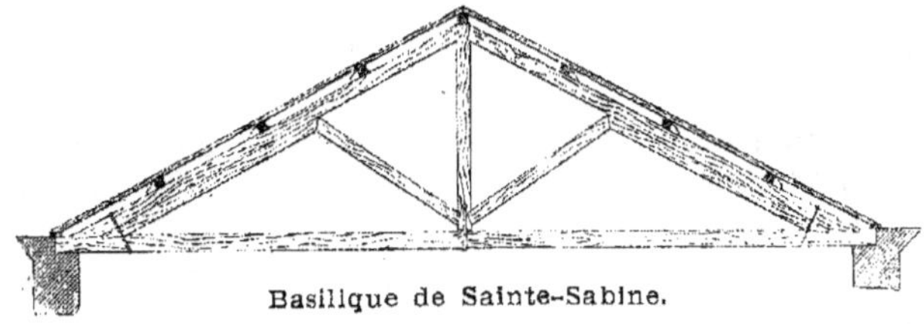

Basilique de Sainte-Sabine.

voit encore à San Miniato près de Florence, et ce que nous appelons aujourd'hui des *murs de feu*.

Les fenêtres étaient garnies de *clathri*, fines cloisons de marbre ajourées ou diaphanes (pierres *spéculaires*), quelquefois garnies de petits morceaux de verre. Les ouvertures formaient des dessins géométriques parfois assez compliqués.

Ajoutons que la colonne latine est une imitation gauche de celle de l'ordre corinthien; l'acanthe y affecte le plus souvent l'allure aiguë, épineuse.

qu'on y ajouta des plafonds. Rondelet, dans son *Traité de l'art de bâtir*, a reproduit les charpentes de plusieurs basiliques romaines.

1. Celles de la basilique de San Miniato à Florence (relativement récentes, XIe siècle) offrent un exemple remarquable de ce genre de décor, reproduit par Gailhabaud, dans son grand ouvrage cité plus haut.

## DÉCORATION.

La peinture à fresques a couvert les murs et plafonds des catacombes ; elle y a répandu les ornements traditionnels ou symboliques et les mythes chrétiens plus ou moins voilés ou explicites souvent mêlés de sujets païens. Le pinceau se prêtait mieux que le ciseau à ce travail rapide et presque clandestin.

Mais bientôt, pour traduire les dogmes de la religion nouvelle, on voulut employer un procédé plus durable, dont Rome avait emprunté l'usage à la Grèce, celui des mosaïques (altération du mot *musivum*).

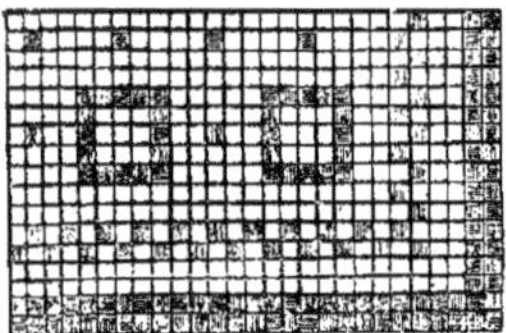

Opus tessellatum.

Le mode le plus ancien, l'*opus tessellatum*, mettait en œuvre des morceaux de pierre dure, de marbre blanc et de lave azurée, taillés géométriquement et formant des dessins réguliers et variés ; cette mosaïque était surtout appliquée au sol. Pour faire l'*opus sectile*, plus élégant, surtout usité sous Alexandre Sévère, on taillait en feuilles minces du marbre de couleur unique, et on découpait ces feuilles suivant certains dessins, qu'on incrustait dans un marbre de teinte différente. Le travail est analogue à la mosaïque florentine actuelle.

Mais la mosaïque murale proprement dite n'emploie que de petits fragments, afin d'obtenir la flexibilité des contours ; ce sont des cubes de toutes couleurs avec lesquels, par juxtaposition dans une pâte de ciment, on exécute des dessins semblables à ceux de véritables tableaux. C'est ce qu'on appelait l'*opus vermiculatum ;* c'est la mosaïque romaine encore en si grand honneur.

La mosaïque murale ([1]) florissait dès les premières années de l'empire. Les chrétiens étaient trop pauvres et trop inquiétés pour en user. La conversion de Constantin et l'érection des basiliques à ciel ouvert ne purent donner l'essor à la mosaïque chrétienne. Elle ne débuta qu'à l'époque où l'on avait perdu les recettes antiques.

Toutefois on a trouvé dans la crypte dite de Sainte-Hélène,

1. Le P. Ét. Beissel, *Mosaïques romaines du VIIe au IXe siècle*, dans *Zeitschrift für Christliche Kunst*, X[e] année, 5e et 6e fasc. 1897.

mise au jour en 1838, des mosaïques constantiniennes se rap-
prochant du style antique. Saint Sylvestre fit orner de mosaïques
l'église élevée sur les thermes de Dioclétien. La mosaïque conservée à Parenso date de
l'époque de la persécution.
L'art de l'époque constantinienne peut s'apprécier dans
la rotonde de Sainte-Constance. Un plus beau spécimen
est la décoration de la voûte
absidale de Sainte-Puden-
tienne (fin du IVe siècle). Les
mosaïques, fortement restau-

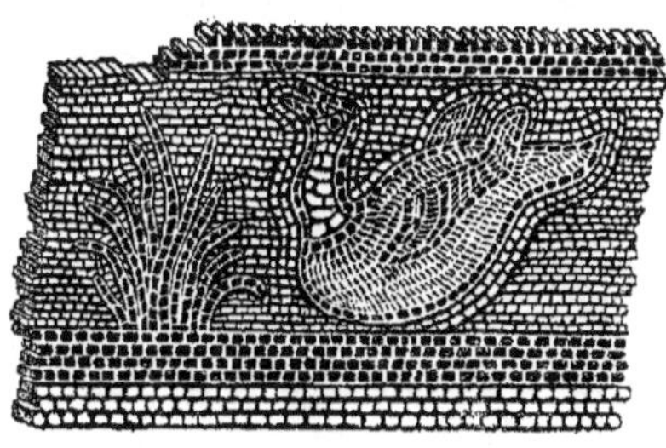

Opus vermiculatum.

rées, de l'arc triomphal de Saint-Paul hors les Murs (v. p. 29) sont
du Ve siècle. Le monument le plus remarquable du temps consiste
dans la mosaïque de Sainte-Marie-Majeure (Ve siècle), comprenant
vingt-sept tableaux, au-dessus des arcades, et le décor de l'arc
triomphal. Du VIe siècle datent les mosaïques des basiliques de
Ravenne et de l'église des Saints-Côme-et-Damien ; du VIIe, celles
de Sainte-Agnès hors les Murs, de Saint-Étienne-le-Rond, de
Saint-Pierre-aux-Liens ; du VIIIe, divers fragments conservés au
Vatican ou à Sainte-Marie *in Cosmedin*. A la fin du millénaire l'art
musif tomba dans l'oubli. Quand, au XIe siècle, apparut la peinture
comme décoration murale, on imita les mosaïques, qui subsistèrent
à côté des fresques jusqu'au XIIIe siècle.

## LES BASILIQUES DE ROME ([1]).

Nous donnerons quelques détails sur les principales basiliques
dont l'ordonnance est restée fidèle au type latin primitif.

### BASILIQUE DE SAINT-CLÉMENT ([2]).

Ces dispositions typiques de la basilique latine, nous les retrou-

1. Les monastères des grandes basiliques de Rome aux VIIe et VIIIe siècles. (*La
science catholique*, 1er avril 1893.)
V. Gailhabaud, Wiebelling, Marucchi, de Bleser, X. Barbier de Montault, Hubert,
Cattaneo.
2. V. Gailhabaud, *Monuments anciens et modernes*, t. II.

vons conservées avec une remarquable fidélité dans une des plus modestes basiliques de Rome, remarquable à cause de la belle conformité de son ordonnance avec les prescriptions apostoliques. Dédiée au pape et martyr saint Clément, disciple de saint Pierre et son troisième successeur, elle remonte aux siècles primitifs, et donne l'illusion de vivre en ces temps fameux qui ont succédé à l'ère des martyrs. Cette basilique, simple d'architecture, humble de dimensions, impressionne cependant par la beauté de ses mosaïques, ses vestiges précieux d'antiquité, ses imposants souvenirs et ses reliques célèbres. Le pape Clément XI la fit restaurer avec un grand respect pour de si vénérables vestiges. On y retrouve l'*absis* primitive en hémicycle, la *camera* ornée plus tard d'une superbe mosaïque ; le *presbyterium*, formant le chevet, espace semi-circulaire derrière l'autel, destiné à l'évêque et au clergé ; la chaire du pontife plus élevée que les autres ; les sièges des clercs ; l'*altarium* où se dresse l'autel sous le *ciborium (tegmen, tabernaculum)*, soutenu par quatre colonnes, l'*ara* ou table de marbre servant d'autel ; dans cette table la *confession*, lieu où reposent les reliques des martyrs ; devant, les *transennæ*, balustrades de marbre à jour servant de grille pour protéger la confession. Dans le chœur, *chorus* ou *bema*, les *ambons* (ab *ambiendo*), d'où l'on annonçait la parole divine ; les *lectoria*, d'où se faisait la lecture des Livres saints. On en compte trois, tous en marbre ; deux sont tournés vers l'autel ; le plus petit, destiné à la lecture de l'Épître ; le plus élevé à celle de l'Évangile. Des *ambons*, se disaient aussi les homélies et les discours adressés aux fidèles. On remarque encore les deux *pastophoria*

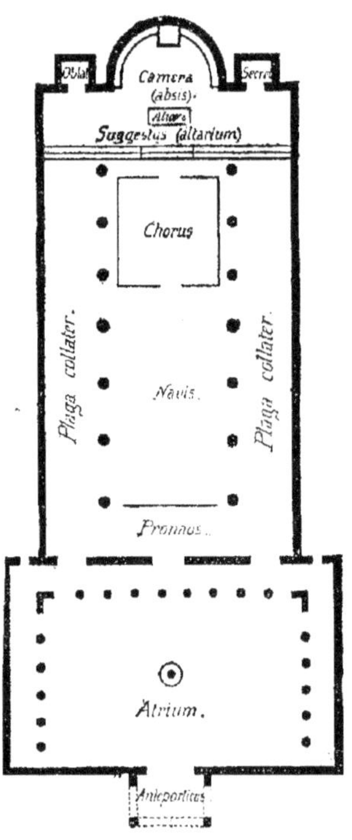


Plan de la basilique païenne appropriée au culte chrétien.

pour les offrandes *(oblationes)* et les objets sacrés *(secretarium)*.

Plus bas règne la nef, *navis*, avec les *plagae colaterales*, au pied le *pronaos* ou narthex ; en avant l'*atrium* auquel on accède par l'*anteporticus*.

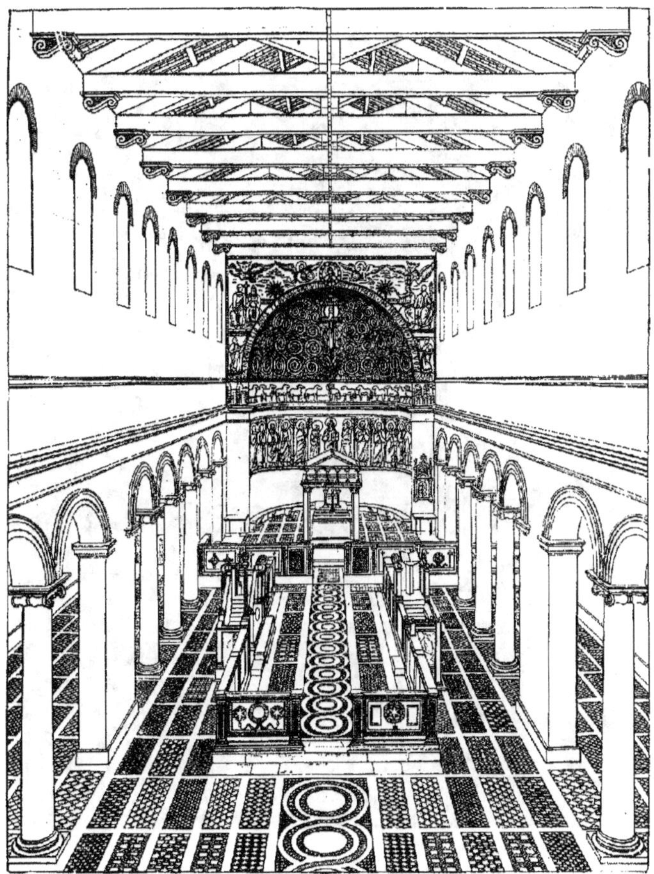

Rome. — Intérieur de Saint-Clément.

On a longtemps attribué à la basilique de Saint-Clément une origine constantinienne. Cette curieuse église, ornée de fresques de Masaccio et de mosaïques d'un caractère plus ancien, passait

pour être l'antique basilique déjà mentionnée par saint Jérôme au
IVe siècle ; les savants donnaient de cette attribution plusieurs
preuves à peu près authentiques. Cependant dans l'église même se
voyait une inscription du XIIe siècle, attestant qu'elle a été re-

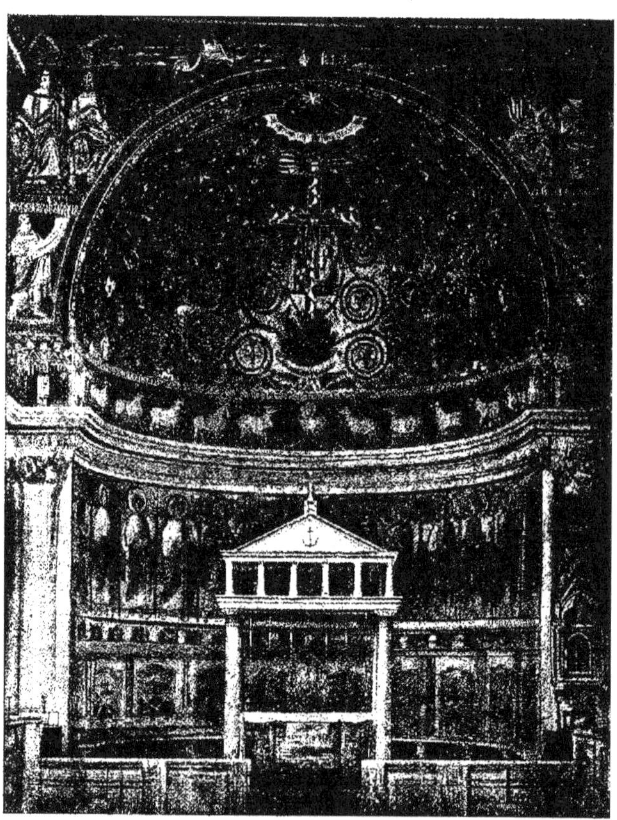

Rome. — Abside de la basilique de Saint-Clément.

construite de fond en comble à cette époque. Il a bien fallu se
rendre à l'évidence, lorsqu'en 1858 J.-B. de Rossi découvrit au-
dessous de l'édifice actuel, qui est bien du début du XIIe siècle,
une autre basilique enfoncée sous celle-ci, et qu'on dut recon-

naître pour la construction primitive, pour la basilique constantinienne mentionnée par saint Jérôme et qui fut détruite dans
l'incendie de 1084 ; elle était égale en longueur à la nouvelle, mais
plus large (¹).

Les murs de l'église souterraine sont couverts de peintures de
grand intérêt. La basilique primitive a été à peu de chose près
fidèlement reproduite dans la basilique supérieure actuelle, avec
son *atrium*, son portique de colonnes de granit, ses piliers en cipolin
et en granit rouge arrachés aux temples antiques, sa riche mosaïque
absidale, ses deux ambons de porphyre. Les chancels sont de 1108,
et son pavage en *opus alexandrinum.*

L'abside de Saint-Clément est ornée de belles mosaïquee du commencement du XIIᵉ siècle que nous reproduisons. Au-dessus de
l'arc triomphal on voit le buste du Sauveur bénissant au milieu des
quatre évangélistes, accostés de saint Pierre et saint Clément, de
saint Paul et saint Laurent, plus bas Jérémie et Isaïe et les deux
villes symboliques, Jérusalem et Bethléem; entre les deux, l'agneau
mystique entouré de douze brebis. Le décor de la conque est formé
de rinceaux envolutés de vigne, où sont mêlées diverses figures; au
centre se détache le crucifix ; le bas de la crois porte douze
colombes figurant les apôtres.

BASILIQUE DE SAINT-PAUL (²).

Parmi les basiliques antiques, celle de Saint-Clément est la
mieux caractérisée, la plus fidèlement conforme aux rites
primitifs et aux formes du style latin, la plus intéressante au point
de vue des archéologues. Par contre, celle de *Saint-Paul hors
les Murs*, une des cinq églises patriarcales (patriarche d'Alexan-
drie), est la plus opulente et la plus considérable ; c'est un des très
augustes sanctuaires de la Ville éternelle.

Elle fut fondée au IVᵉ siècle par Constantin (324) (³), sur une
catacombe appartenant à sainte Lucine, où le grand Apôtre des
Gentils avait été enseveli après son martyre. Théodose la fit recons-

1. Salmon, *Histoire de l'art chrétien aux dix premiers siècles*, p. 232.
2. Gailhabaud, *Monuments anciens et modernes*, t. II.
3. *Lib. pontific. in-oct., Sylvestris.*

truire sur un plan plus vaste (395-424) sous la direction de l'architecte Cyriales (¹) ainsi que l'atteste une inscription :

*Theodosius cepit, perfecit Honorius aulam*
*Doctoris mundi sacratam corpore Pauli.*

Placidie enfin, la sœur d'Honorius et d'Arcadius (450), fit décorer le grand arc triomphal, avec saint Léon, comme l'atteste cette autre inscription.

*Placidiae pia mens operis decus homne* (sic) *paterni*
*Gaudet pontificis studio splendere Leonis.*

Achevée par Honorius, embellie successivement par tous les papes, plusieurs fois restaurée, sans toutefois que son caractère

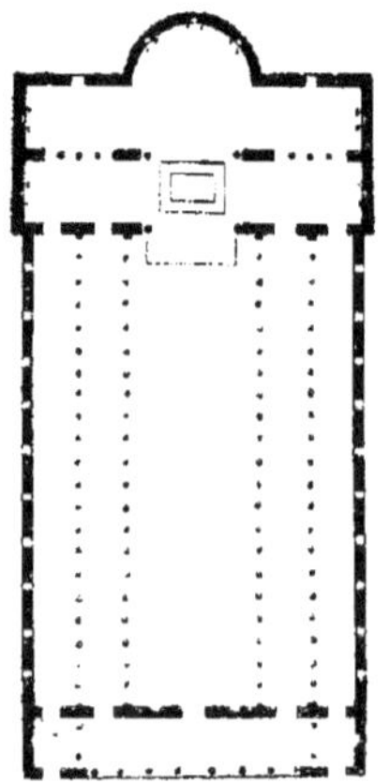

Plan de la basilique de Saint-Paul hors les Murs.

en fût altéré, contrairement à ce qui s'était produit pour tant d'autres basiliques, elle était parvenue peut-être à son plus haut degré de magnificence ; elle offrait un type aussi fidèle que grandiose de l'architecture chrétienne des temps apostoliques, lorsque, dans la nuit du 15 au 16 juillet 1823, un incendie violent, occasionné, dit-on, par l'imprudence d'un plombier, réduisit en cendres la plus grande partie de cet incomparable édifice.

Sur-le-champ S. S. Léon XII entreprit de la restaurer, aidé de plusieurs princes dans sa généreuse initiative. Les deux superbes monolithes qui décorent l'entrée de la grande nef ont été envoyés par le roi de Sardaigne, et Méhémet-Ali a fait don de quatre magnifiques colonnes en albâtre de cinquante pieds de hauteur.

Rien ne surpassait la magnificence de la basilique primitive. Constantin l'avait enrichie d'une prodigieuse quantité de vases, de flambeaux, de statues d'or et d'argent. Galla Placidia, fille de Théodose, fit faire la superbe mosaïque qui décore encore son ab-

1. Nicolai. V. Gailhabaud, *Monuments anciens et modernes*, t. II. *Della basilica di San Paolo. Roma, 1815.* — P. Grisar, *L'ancienne basilique de Saint Paul, ses fresques et mosaïques — Revue de l'Art chrétien, 1898.*

side. Les peintures, les tabernacles en argent, les pavés en mosaïque, le *matroneum* (enceinte réservée pour les femmes), furent l'ouvrage des papes Symmaque, Grégoire II, Adrien Ier, etc.

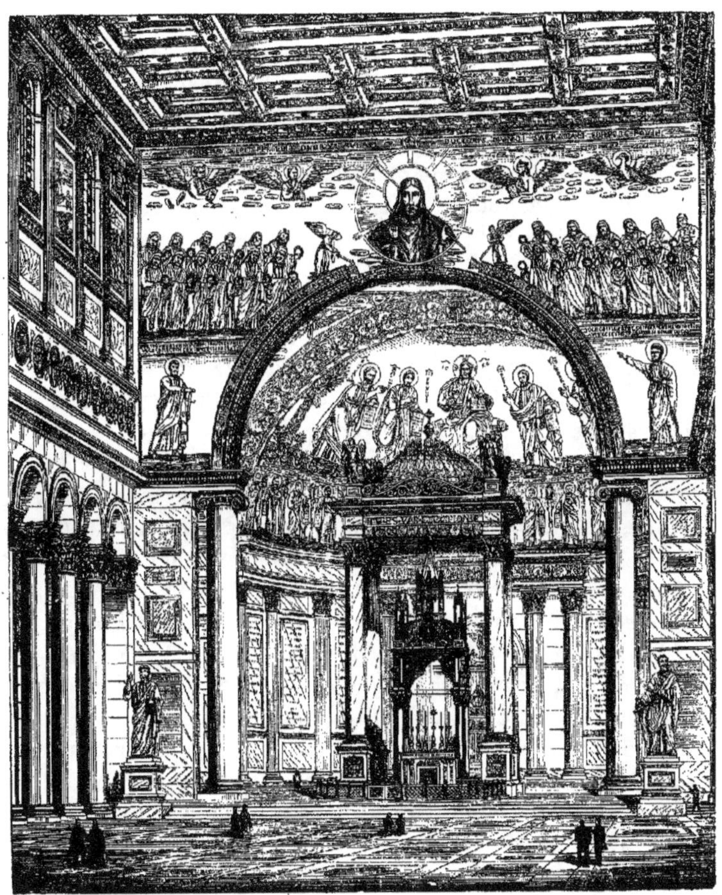

Basilique de Saint-Paul hors les Murs.

La célèbre porte de bronze, une des merveilles de Saint-Paul, fut faite à Constantinople, en 1070, aux dépens du consul romain Pantaléon. On y voyait, en relief, les prophètes, les apôtres et les principaux faits de leur vie. De cette porte, fondue par l'incendie, il n'existe plus que des fragments, mais l'ensemble nous est connu par la fidèle reproduction qu'en a faite le graveur Nicolaï.

Cent trente-deux colonnes soutenaient la basilique primitive, la divisaient en cinq nefs, et soutenaient la superstructure par l'intermédiaire d'arcades en plein cintre; sa superficie est d'un hectare.

La largeur des nefs était de 65 mètres, la longueur du vaisseau, de 141 ; la nef centrale avait à elle seule 27 mètres d'ouverture. Le transept, extrêmement accentué (il offrait 72 mètres de développement), inaugurait d'une manière remarquable ce mode d'extension du temple chrétien, qui devait avoir une importance si considérable dans l'évolution de l'église en croix latine. Dans l'antiquité, il n'y a pas d'exemple d'autre espace couvert qui atteigne les proportions des nefs de Saint-Paul, pas même la fameuse salle hypostyle du temple égyptien de Karnak.

Cette basilique fut, avec celle de Saint-Pierre, non seulement une des plus vastes, mais encore, nous l'avons dit, une des plus magnifiques du monde ; ajoutons encore quelques traits à la description de son somptueux intérieur. Une forêt de quatre-vingts colonnes de marbre, d'ordre corinthien, disposées sur quatre rangées et d'une richesse sans égale, séparent ses cinq nefs; les vingt-quatre premières de la nef centrale proviennent, prétend-on, des mausolées d'Adrien ou de la basilique émilienne au Forum ; elles sont faites en marbre phrygien et d'un travail exquis. Avant la restauration moderne la basilique était couverte par une charpente apparente, et non point par un plafond plat.

Des lambris couverts de dorures, des arceaux revêtus de mosaïques, l'autel abrité sous un ciborium d'argent massif, l'arc triomphal gigantesque porté sur deux colonnes de marbre salin de $13^{m},50$ de hauteur, avec ses mosaïques à fond d'or, représentant saint Pierre et saint Paul, et les vingt-quatre vieillards de l'Apocalypse (heureusement conservées), faisaient de cette basilique la merveille de l'antiquité latine. En outre, des peintures murales, antérieures à l'an mille, ornaient les murs. Les recherches de M. E. Muntz lui ont permis d'en reconstituer l'ensemble [1]. D'après

---

1. V. *Antiquaires de France*, séance du 18 avril 1894.

des photographies prises antérieurement à l'incendie de 1823, elle représentait l'histoire de la Genèse, d'Adam à Marie.

Les autels étaient ornés de trente colonnes en porphyre ; les murs de la nef du milieu, couverts de peintures du IXe siècle.

La basilique de Saint-Paul a été reconstruite sur son ancien plan, avec une plus grande magnificence encore ; mais, il faut bien le dire, avec peu de fidélité au style originel. Elle n'en est pas

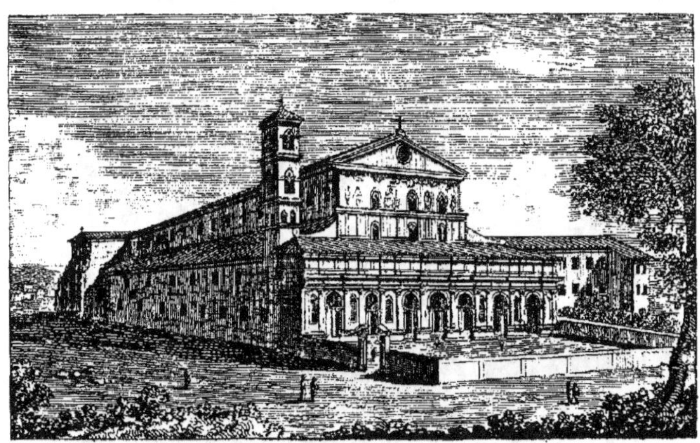

Saint-Paul hors les Murs.

moins restée un type prestigieux de l'église primitive, à cause de sa disposition d'ensemble et de son opulente structure.

Quand on a soulevé l'une des lourdes portières de l'entrée, on se trouve ébloui à la vue de l'excessive prodigalité du décor qui rehausse ses murs, son plafond, son abside et jusqu'à son pavé. On ne peut s'empêcher d'admirer la perspective de ces cinq nefs, dont le pavé en marbre reflète une forêt de colonnes en granit sur lesquelles s'appuie la voûte à caissons dorés ; tout le long de la frise, une série de médaillons contiennent les portraits en mosaïque des papes depuis saint Pierre ; portraits plus ou moins authentiques, bien entendu, mais dont une quarantaine sont anciens, ayant échappé à l'incendie. La grande nef est séparée du transept par un arc triomphal sous lequel se trouvent l'autel papal et la confession. La malachite offerte par le czar Nicolas IV, et l'albâtre oriental donné par Méhémet-Ali, se marient agréablement dans la décoration de ce maître autel d'une richesse extraordinaire. La grande mosaïque d'Honorius III continue à décorer l'abside ; celles du grand arc, dit de Placidie, datent du pontificat de saint Léon-le-Grand (440-461) ; d'habiles restaurations ont pu les faire revivre. Le saint Sauveur en majesté y figure, recevant sur son trône les adorations des habitants des cieux, et entouré de saint Pierre, de saint Paul et des vieillards mystiques. D'autres mosaïques ont été

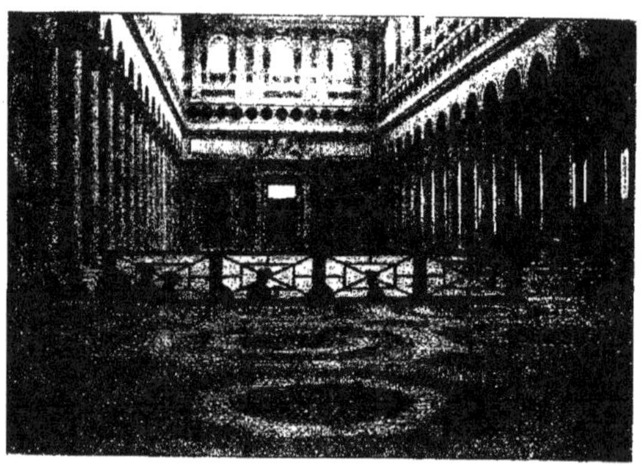

Saint-Paul hors les Murs.

ajoutées dans notre siècle pour faire cortège aux anciennes, mais sans pouvoir égaler la majesté de leur style. Parmi les œuvres d'art sauvées encore de l'incendie, signalons les mosaïques de la façade, ouvrage du XIII^e siècle ; le portique de l'église, orné de douze colonnes dont quatre en granit ; la fameuse urne du XIII^e siècle, qui se trouve sous le portique.

### BASILIQUE DE SAINTE-MARIE-MAJEURE (¹).

Au sommet du Mont Esquilin, se dresse la superbe basilique de Sainte-Marie-Majeure, la plus riche, après Saint-Pierre,

1. V. Bianchi, *La basilique libérienne.*

de celles qui sont contenues dans l'enceinte de Rome. Elle est dévolue au patriarcat d'Antioche. Elle fut fondée par le pape Libérius I<sup>er</sup>, en 354.

Elle a du reste été remaniée depuis son origine, notamment de 432 à 440, par Sixte III. Depuis sa fondation, des troubles s'étaient produits à Rome, et, dans la lutte entre Damase et Ursin, les partisans de ceux-ci, réfugiés dans la basilique, y avaient été attaqués ; on mit le feu aux portes de l'église et l'on se battit en se servant des tuiles des combles comme projectiles. Après le concile d'Éphèse, qui proclama la maternité de Marie, Sixte III, restaurant la basilique, en fit le monument commémoratif de cette manifestation. Plus tard, au XIII<sup>e</sup> siècle, Nicolas IV refit l'abside et la décora. Selon M. de Rossi, l'abside du V<sup>e</sup> siècle offrait déjà un *déambulatoire*. Cette abside eut jadis des fenêtres gothiques, aujourd'hui masquées par des mosaïques. Parmi les quatre basiliques primitives, celle-ci est la seule qui n'ait que des bas-côtés simples, et, en elle, Sixte III consacra en quelque sorte la forme typique de l'église chrétienne.

Le vaiseau mesure 130 mètres de longueur sur 80 de largeur et 46 de hauteur.

Les trois nefs sont portées par 40 colonnes ioniques de marbre blanc antique, provenant, dit-on, du temple de Diane Lucine ; leurs entablements, interrompus de chaque côté par des arcades modernes, conduisent l'œil jusqu'au grand arc triomphal orné de mosaïques du V<sup>e</sup> siècle. La nef est couverte d'un riche plafond en bois à caissons (le premier qui ait été fait en ce genre), renouvelé au XVI<sup>e</sup> siècle. Le pavement est en riche *opus alexandrinum* du XII<sup>e</sup> siècle, dénaturé par l'architecte de Benoît XIV.

L'édifice est couronné de deux dômes, entre lesquels se dresse une tour élancée, la plus haute de Rome, construite par Grégoire XI, en 1376.

La partie la plus caractéristique du décor de Sainte-Marie-Majeure consiste en mosaïques. Cet art a toujours été en honneur à Rome, grandement encouragé par l'Église. Après avoir sombré avec les autres arts aux IX<sup>e</sup> et X<sup>e</sup> siècles, il s'est relevé avec eux au XII<sup>e</sup>. Nicolas IV signala son règne si court par les mosaïques dont il décora l'abside de Saint-Jean de Latran et celles de la basilique libérienne, les plus belles œuvres du temps. Toutes deux sont signées par le moine franciscain Jacques Toniti. La zone de mosaïques, assez bien respectée par la restauration que fit exécuter Sixte III lui-même, et qui règne, d'un bout à l'autre

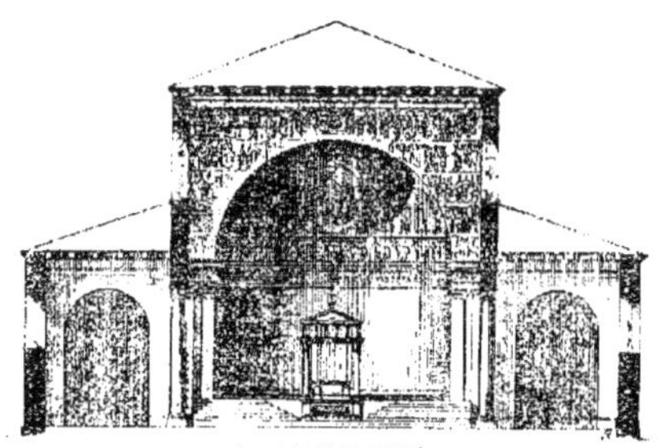

Sainte-Marie-Majeure. — Coupe transversale.

de la grande nef, entre l'entablement et le clair étage, se raccorde aux grands sujets historiés surmontant l'arc triomphal. Les mosaïques de la nef retracent une série des scènes de l'Ancien Testament ; on y voit figurer les prophètes et précurseurs du Christ. Celles de l'arc triomphal racontent la naissance et l'enfance du Sauveur ; elles comptent parmi les plus anciennes et les plus remarquables de

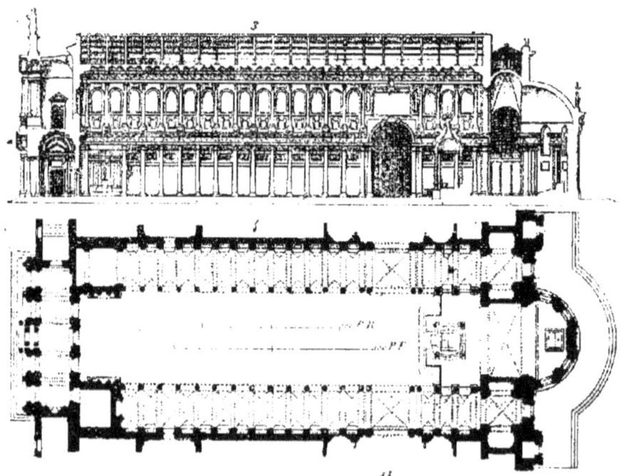

Sainte-Marie-Majeure. — Plan et coupe longitudinale.

Rome ; elles rappellent, par les proportions trapues des personnages, les figures des bas-reliefs de la colonne trajane, mais se distinguent par une certaine liberté dans l'invention et le dessin.

On lit au-dessus cette inscription, si grande dans sa simpli-
cité :

LIBERIUS, EPISCOPUS PLEBIS DEI.

Les mosaïques de la nef ont comme leur couronnement dans
l'abside où figure la glorification de Marie. Des figures colossales du
Christ et du la Vierge trônent dans le grand médaillon du dôme,
le Fils couronnant la Mère ; autour d'eux, en adoration, sont des

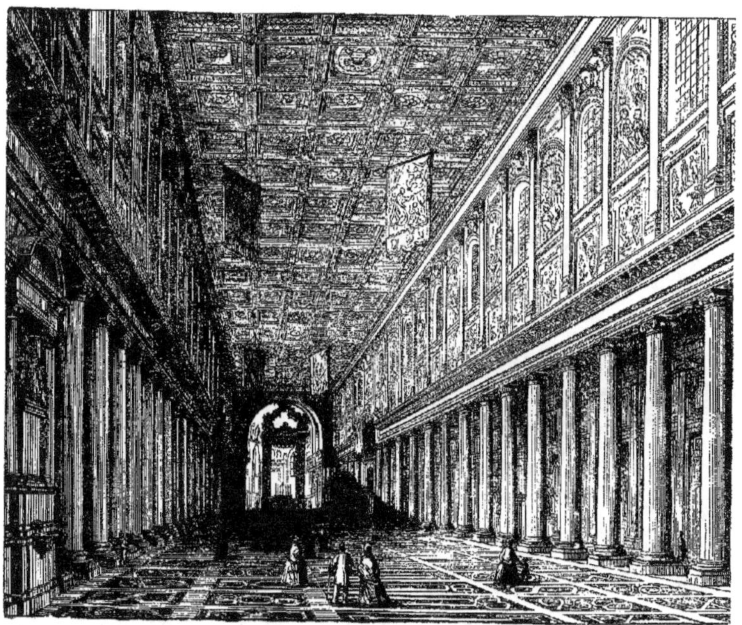

Basilique de Sainte-Marie-Majeure. — Vue intérieure.

anges auxquels on a mêlé les donateurs de l'œuvre, le pape Nicolas et le cardinal Colona ; au-dessus, les saints patrons de Rome,
saint Jean-Baptiste, saint Jean l'Évangéliste, saint François d'Assise, saint Antoine de Padoue. Cette remarquable mosaïque, point
culminant de tout le décor de la basilique, est sans doute la plus
ancienne représentation du couronnement de la Vierge.

A l'intérieur, la basilique offre un ensemble imposant et harmo-
nieux ; les tons chauds du marbre des colonnades, la richesse du

pavement, le puissant coloris des mosaïques et des peintures, les tons doux des membres de l'architecture relevés par des dorures, la puissante décoration du plafond aux poutres dorées, tout contribue à la splendeur et à la dignité de l'aspect.

La chapelle à droite de la nef, connue sous le nom de chapelle Sforza, du nom du cardinal qui la fonda, a été dessinée par Michel Ange. Parmi les autres chapelles latérales, deux ont une impor-

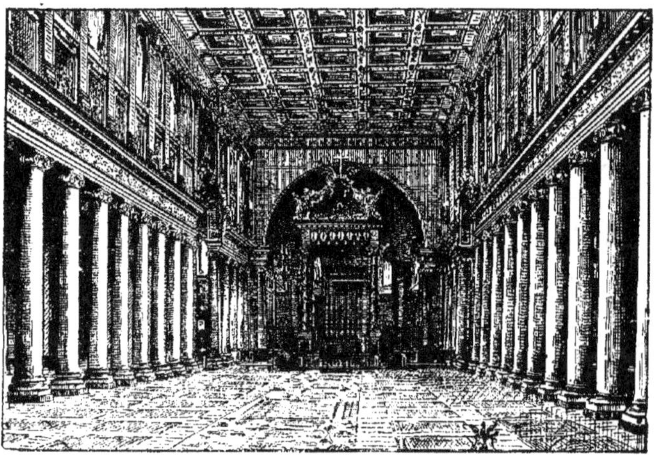

Intérieur de Sainte-Marie-Majeure.

tance spéciale ; elles sont dues à deux papes, se font face aux deux côtés de la nef et sont grandes comme des églises ordinaires; elles sont couvertes de dômes et de tambours octogonaux ; c'est pour donner de l'importance à leur entrée que l'on a interrompu l'entablement des grandes colonnades de la nef centrale par deux grandes arcades, véritable injure faite à cette majestueuse ordonnance, dont la continuité est ainsi rompue. Ces chapelles sont d'ailleurs revêtues d'un somptueux habit de marbres multicolores, de dorures, de sculptures et de peintures. L'une fut élevée par Sixte V, pour recevoir la crèche de l'Enfant-Jésus, rapportée de Palestine avec les reliques de saint Jérôme par Théodore I$^{er}$. Sixte, alors cardinal, y épuisa ses ressources, l'architecte Fontana, ses propres économies.

L'autre fut bâtie vingt-cinq ans plus tard, sur l'ordre de Paul V,
par Plominio Ponzio ; elle reproduit la précédente avec plus de richesse encore. Le dôme de la chapelle de Paul V diffère de celui
de la chapelle Sixtine : ce dernier est en hémisphère, tandis que
l'autre, dû à Fontana, affecte le tracé du cintre surhaussé, à peu près
elliptique, qui a été ensuite adopté pour la grande coupole de Saint-
Pierre, et qui fait la mystérieuse beauté de celle-ci ; nous avons
ici la première conception de cette forme remarquable. C'est dans
cette chapelle que se conserve le fameux portrait de la Vierge
Marie, que l'on croit peint par saint Luc ([1]).

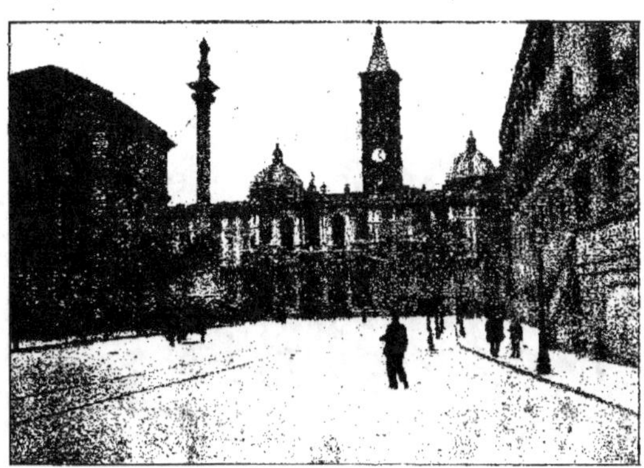

Sainte-Marie-Majeure. — Façade.

Ce n'est malheureusement que la nef centrale, qui a conservé le
caractère original de l'antique basilique ; les bas-côtés sont voûtés,
et les chapelles latérales sont du style de la Renaissance. La grande
tribune aux fenêtres ogivales rappelle la courte période où la manière gothique prévalut à Rome. Eugène III (1145-1153) restaura
Sainte-Marie-Majeure et la modifia considérablement ; il bâtit une
façade avec un portique que, en 1743, le pape Benoît eut la mal-

1. La vérité nous oblige à dire qu'un mémoire du R. P. Berthier, professeur à l'Uni-
versité de Fribourg, tend à établir qu'il n'y eut qu'une seule madone de saint Luc, et que
ce doit être celle que l'on conserve à l'église des Saints-Dominique et Sixte à Rome ([*]).

* V. *Revue de l'Art chrétien*, nov. 1894.

heureuse idée de démolir, pour le remplacer par les disgracieuses
constructions qui forment aujourd'hui la façade de la basilique.

Derrière, se dresse fièrement le vénérable campanile lombard
(où Grégoire XI a mis ses armes après l'avoir réparé) (') et s'élèvent les deux coupoles. Enfin, en avant se dresse la grande colonne
construite par Paul V. que couronne la statue de la Vierge.

Les mosaïques du fond de la loggia qui s'ouvrent à la face antérieure sont l'œuvre unique, selon Vasari, de Gaddi. Elles offrent
une théorie de grandes figures de saints, escortant le Christ et la
Vierge. On voit aussi quatre tableaux retraçant d'une manière

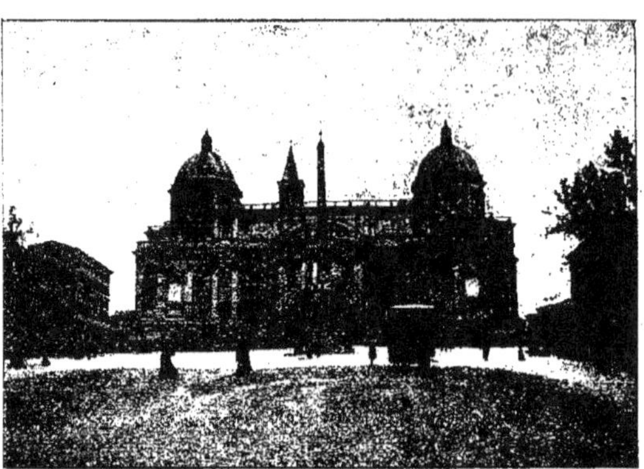

Sainte-Marie-Majeure. — Chevet.

gracieuse la légende de la fondation de la basilique, la vision de
Libère et celle de Jean le patricien, la réception de celui-ci par le
pape, leur visite de la colline couverte de neige.

Le portail oriental porte deux millésimes : celui de son érection
en 1146 et celui de sa restauration en 1575 par Grégoire XIII.

### BASILIQUE DE SAINT-JEAN DE LATRAN.

Cette basilique est considérée comme le patriarcat du monde
catholique en général et de l'Occident en particulier.

La basilique primitive, fondée par Constantin, fut incendiée au
XIV⁰ siècle. Pie IV fit élever les deux clochers qui existent encore ;

1. *Rev. arch.*, t. XVII, p. 243.

Sixte V fit ajouter par Domenico Fontana le double portique de la façade du Nord ; Giacomo della Porta fut chargé par Clé-

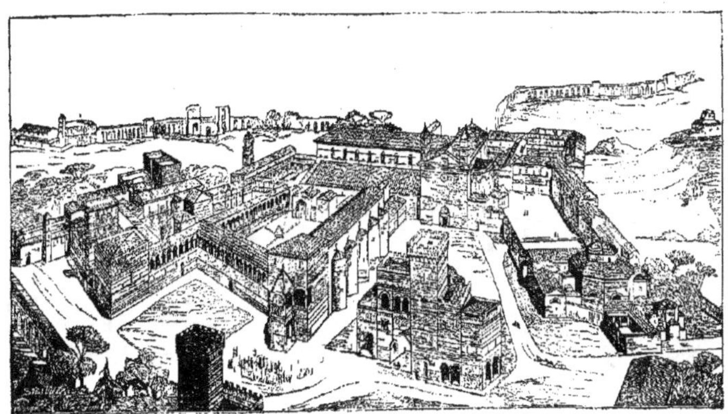

Saint-Jean de Latran au XVIe siècle.

ment VIII de reconstruire la nef transversale. Une restauration générale fut confiée par Innocent X à Borromini ; elle fut peu

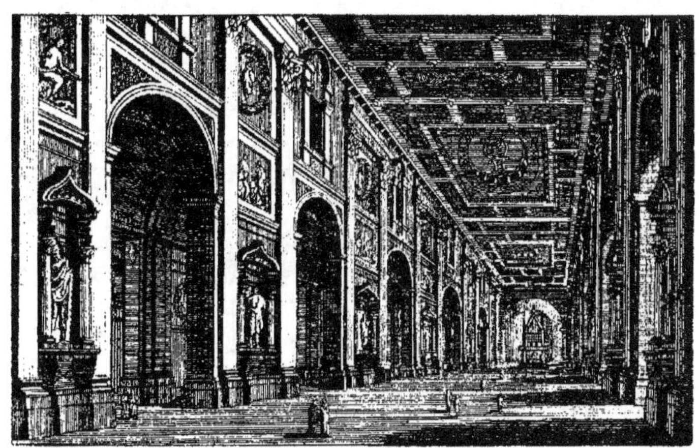

Intérieur de la basilique de Saint-Jean de Latran.

heureuse. L'abside décorée de mosaïques du XIIIe siècle, et restaurée par Léon XIII, et le portique qui l'entoure, sont tout ce qui subsiste de l'édifice primitif.

Nous donnons le plan de cette vaste basilique, antérieur à la reconstruction d'Innocent X, avec ses cinq nefs et son atrium ; ainsi que la vue intérieure présumée au XVe siècle.

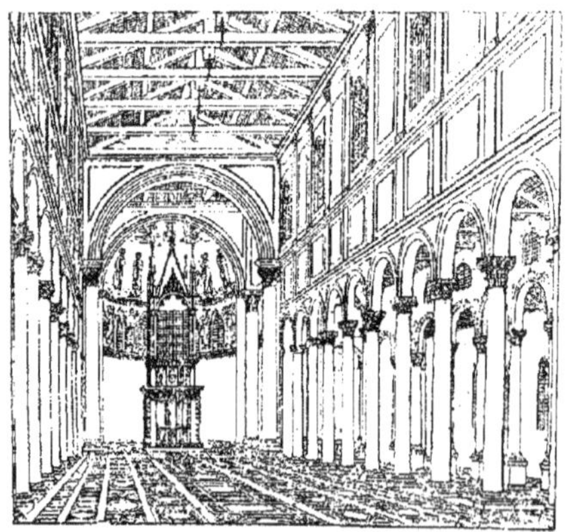

Basilique de Saint-Jean de Latran, son état au XVe siècle.

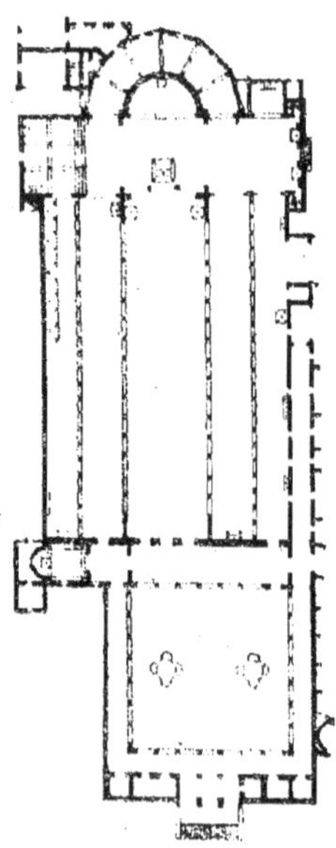

Plan de la basilique de Saint-Jean de Latran.

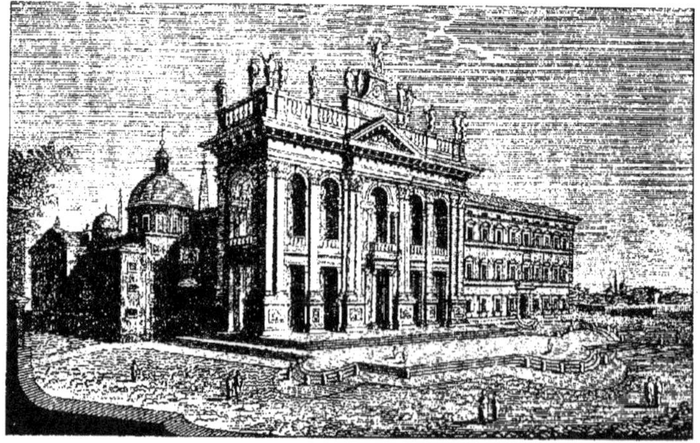

Basilique de Saint-Jean de Latran. — Vue extérieure.

## BASILIQUE DE SAINTE-MARIE IN COSMEDIN [1].

Elle conserve des restes nombreux de décor et du mobilier primitifs, deux ambons et la clôture en marbre *(pergula)*, un très riche pavement en mosaïque, le trône de marbre de l'abside, un *pluteus* et des vestiges de construction du VIIIe siècle, des colonnes antiques hétérogènes que nous avons reproduites plus haut. Elle a trois nefs à arcades sur colonnes corinthiennes avec des piliers allongés interrompant la colonnade, un plafond plat à caissons qui remplace la charpente apparente primitive.

Sa restauration a été faite à partir de 1891, sous la direction de l'architecte G. K. Giovenale. On y trouve trace de cinq constructions successives à un temple romain, une salle du IVe siècle de

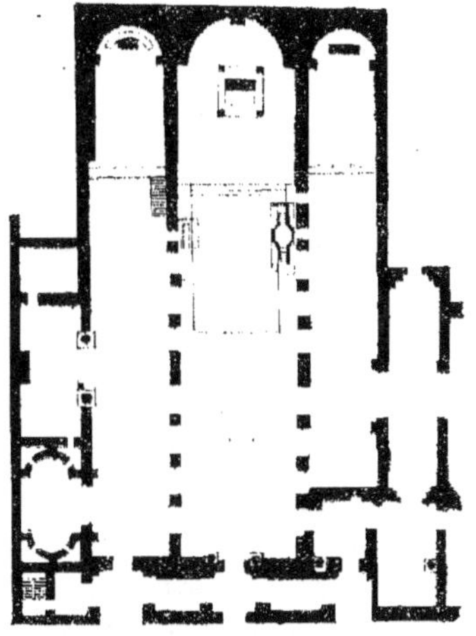

Plan de la basilique de Sainte-Marie *in Cosmedin.*

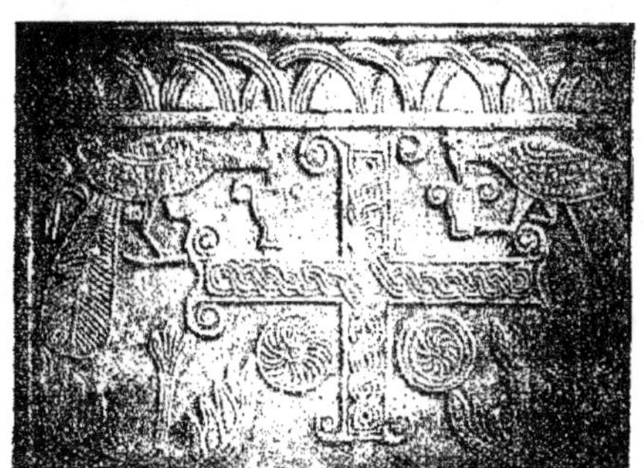

Pluteus décoré ou devant d'autel de Sainte-Marie *in Cosmedin.*

destination inconnue, une église chrétienne diaconale du VIe siècle.

1. V. Gailhabaud, *Monuments anciens et modernes.* — V. le P. Grisar, *Revue de l'Art chrétien*, année 1898, p. 181. — R. Cattaneo, *L'architecture en Italie*, p. 143. — C. B. Giovenale, *Ann. del. Assoc. artist. di Roma*, 1895. — G. M. Crescimbeni, *Storia della basilica di S. Maria in Cosmedin di Roma*, p. 1715. — Cette basilique a été récemment restituée dans l'état où elle existait au XVe siècle.

la basilique du pape Adrien (772-795), enfin la reconstruction du XI<sup>e</sup> siècle, avec la décoration d'Alphanus, sous Calixte II (1119-1124). La restauration moderne ramena l'édifice à son état du XII<sup>e</sup> siècle.

L'église d'Adrien offrait des tribunes des deux côtés de la nef principale, qui disparut au XI<sup>e</sup> siècle, c'est un des rares exemples de ces espaces réservés aux vierges consacrées (gynæcæa) (¹).

Entre le *chorus* et le *presbyterium* était établi l'*iconostasis* ou plutôt la *pergula*. Dans la façade régnait un portique avec un porche *(prothyron)* que les travaux ont mis à découvert. Le campanile à sept étages est du XI<sup>e</sup> siècle · il passe pour le plus beau à Rome.

## BASILIQUE DE SAINT-LAURENT HORS LES MURS.

Saint-Laurent hors les Murs était primitivement une basilique constantinienne à entrées latérales près du chœur, le devant de la nef étant dominé par la colline très proche. Elle avait dix colonnes selon J.-B. de Rossi. Sixte III (432-440) la reconstruisit avec 16 colonnes et deux absides contiguës et opposées. Honorius III (1216-1227) les détruisit, réunit les deux basiliques et transporta l'abside à l'Ouest de la nef constantinienne. Le chœur, de cinq travées, remonte à 578. La nef est séparée des bas-côtés par de puissantes colonnes corinthiennes, portant un entablement dont la frise, absorbant presque toute l'architrave, est richement sculptée. Dans la galerie du chœur la colonnade est légère et porte des arceaux. Un narthex règne devant la façade et un campanile roman flanque la façade du Sud. C'est à Saint-Laurent qu'a été placée la sépulture de Pie IX.

## BASILIQUE DE SAINTE-AGNÈS.

Sainte-Agnès hors les Murs, construite par Constantin, reconstruite par Honorius I<sup>er</sup> (624-640), offre trois nefs avec étage de galeries, des arcades sur colonnes, une abside demi ronde ornée de mosaïques du VII<sup>e</sup> siècle, un plafond à caissons (²). C'est un des

---

1. Il y en avait à St-Laurent hors les Murs (VI<sup>e</sup> siècle), à Ste-Agnès (VII<sup>e</sup> siècle) et à l'église des Quatre Couronnés.
2. V. P. Allard, dans le *Dict. d'archéologie chrétienne* de Dom Chabrol, t. IV.

rares exemples subsistant de basilique avec tribune, selon la tradition de basiliques civiles romaines et à l'exemple de la primitive basilique de Saint-Pierre.

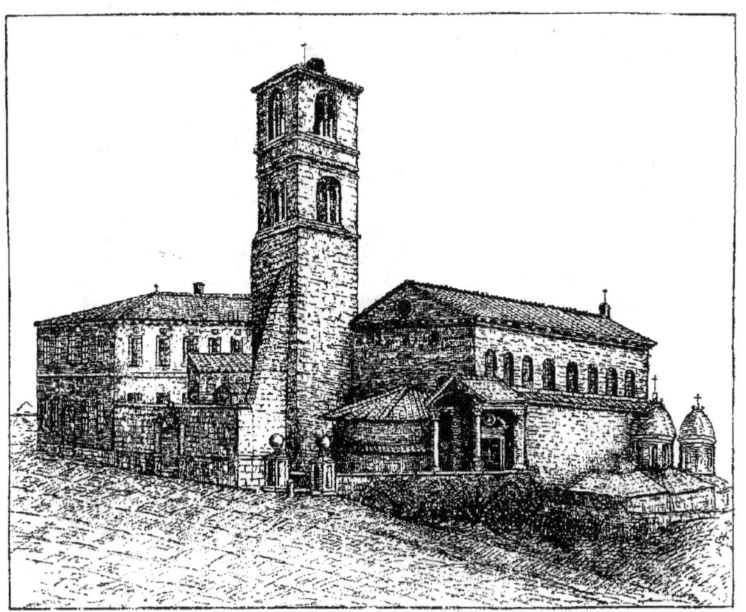

Basilique de Sainte-Agnès hors les Murs.

Les bas-côtés, étroits, sont dépourvus de fenêtres. La galerie
d'étages fait retour devant le mur de façade. L'intérieur est richement décoré, l'extérieur est nu et d'aspect modeste. Le cimetière
qui l'entourait a été mis au jour en 1874.

### BASILIQUE DE SAINTE-SABINE.

Sur les ruines amoncelées par Alaric, roi des Westgoths (410)
Pierre d'Illyrie fonda la basilique de Sainte-Sabine, sous le pontificat de Célestin Ier (422-432). On y employa les débris du temple
de Diane dont elle prenait la place. Une inscription en mosaïque
contemporaine du fondateur figure encore au-dessus de la porte
principale. Selon la tradition la consécration eut lieu en 432, la construction en 425.

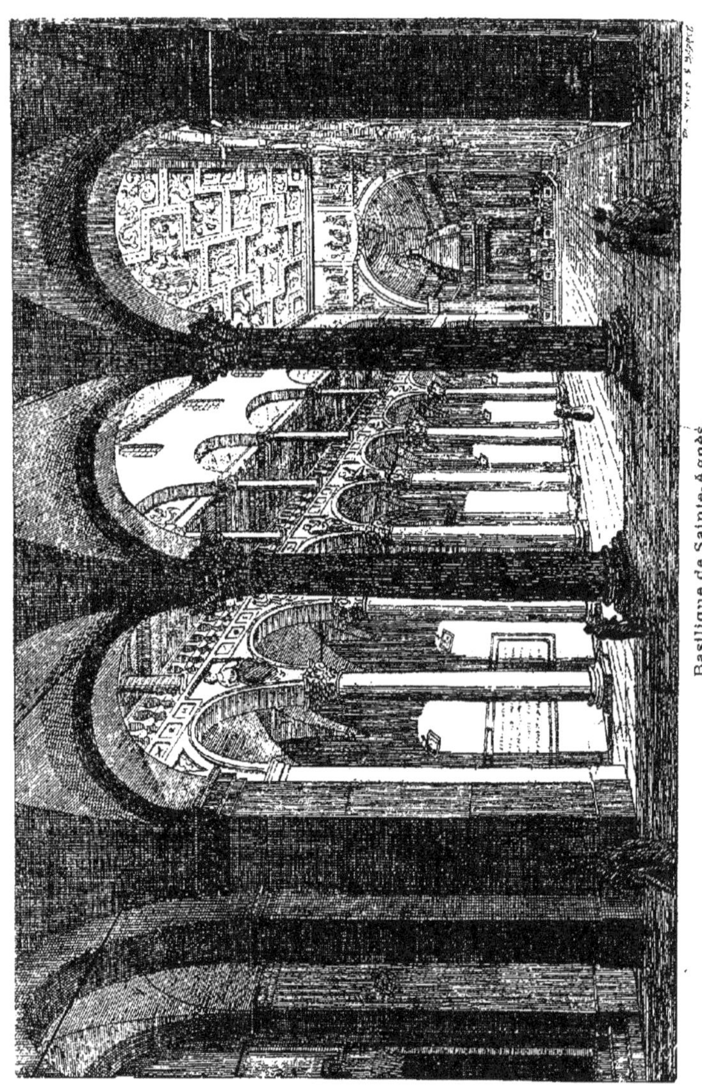



L'église Sainte-Sabine a souffert beaucoup du temps et des hommes, mais elle n'a pas été reconstruite et conserve sa forme primitive dans son ensemble. Les réparations du pape Sixte V furent désastreuses au point de vue archéologique.

Les deux portes latérales sont aujourd'hui bouchées; la centrale est célèbre, c'est une des hautes curiosités de l'édifice, la seule porte d'église chrétienne qui remonte à l'antiquité. On la croit généralement du VIᵉ au VIIᵉ siècle ([1]).

Les colonnes qui partagent la basilique en trois nefs sont corinthiennes et antiques; elles portent des arcs plein cintre, qui soutiennent le clair étage.

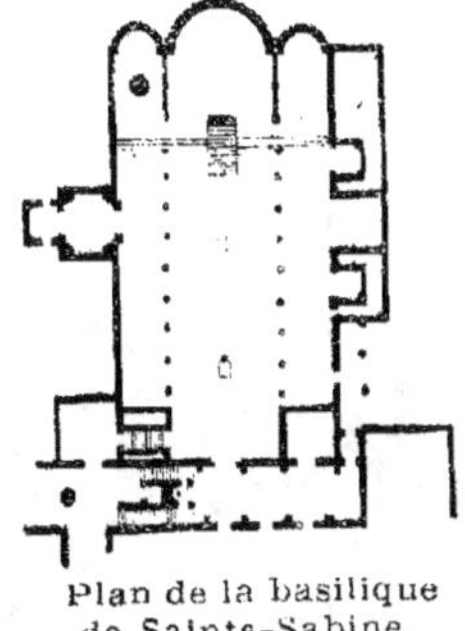

Plan de la basilique de Sainte-Sabine.

### BASILIQUE DE SAINTE-PUDENTIENNE.

La basilique de Sainte-Pudentienne a remplacé au IVᵉ siècle des thermes privés antiques ([2]). M. de Rossi a démontré qu'elle fut reconstruite totalement vers l'an 390 ; nous avons dit qu'à cette époque remontent les belles mosaïques de l'abside représentent le Christ-Docteur au milieu des apôtres. Elle fut restaurée par les soins du pape Adrien Iᵉʳ (772-793). Elle fut malheureusement modernisée en 1588 par le cardinal E. Caetani. Elle est flanquée d'un beau campanile carré.

### BASILIQUE DE SAINTE-MARIE IN TRASTEVERE.

Sainte-Marie *in Trastevere* montre encore de curieux exemples d'une colonnade architravée en matériaux antiques de remploi, avec des bases et chapiteaux variés. La façade et l'abside sont ornées de mosaïques de diverses époques jusqu'au XIIᵉ siècle; le sol est formé d'un fort beau pavement en *opus alexandrinum*, et la grande nef est couverte d'un riche plafond. L'autel est abrité sous l'antique ciborium.

### BASILIQUE DE SAINTE-CÉCILE.

La basilique de Sainte-Cécile, bâtie sur la demeure de la noble romaine, est fort intéressante par sa crypte antique, les mo-

1. *La porte de Sainte-Sabine à Rome*, par le P. Berthier. Fribourg (Suisse), 1891.
2. C. Enlart, *Manuel d'archéologie française*, t. 118.

saïques de son abside, son campanile et son clocher du XIIe siècle, ainsi que ses vestiges d'époques diverses.

L'église inférieure fut abandonnée au XIIe siècle pour celle qui a été établie sur ses fondements. Celle-ci eut une tribune. Le pape Pascal Ier reconstruisit la basilique au IXe siècle. Un ambulacre contournait l'abside.

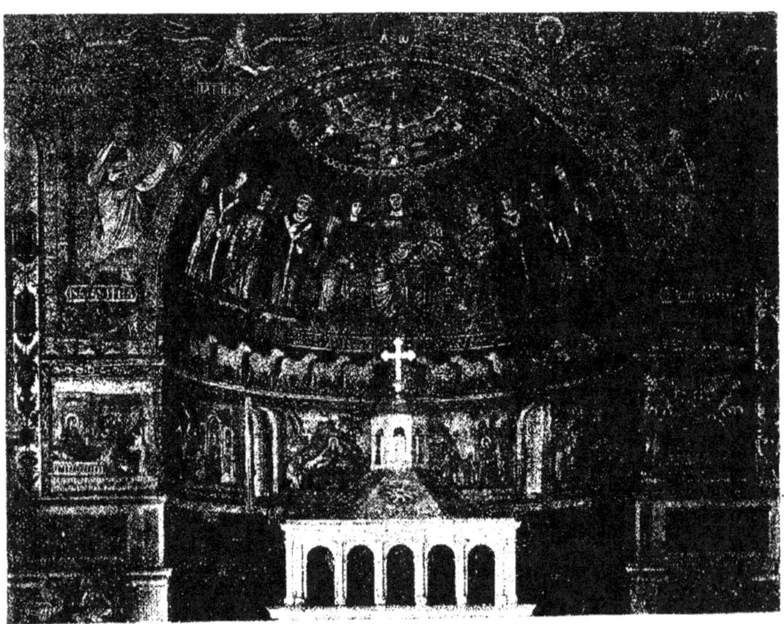

Basilique de Sainte-Marie *in Trastevere.* — Abside.

*Santa Maria Antiqua,* exhumée au forum en 1900 sous les fondations de Sainte-Marie libératrice, fut construite au VIe siècle. On a retrouvé les vestiges de l'atrium, du narthex des trois nefs, de la *Schola cantorum* et du presbytère flanqué de deux chapelles latérales. Les murs portent la trace d'un ensemble de fresques extrêmement intéressant ([1]).

De la basilique primitive de *Saint-Pierre* on n'a conservé que le

1 V. Gerspach, *Revue de l'Art chrétien,* année 1901, p. 300.

souvenir. Bâtie en 324, elle mesurait 395 pieds de long sur 212 de large. Elle avait cinq nefs, partagées par 86 colonnes de marbre architravées ; elle était précédée de l'atrium et d'un paradisus. Le

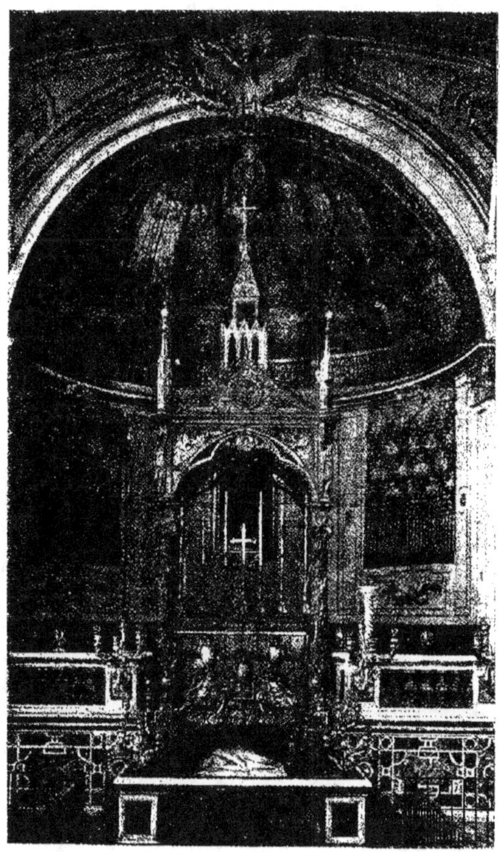

Basilique de Sainte-Cécile. — Abside.

vaisseau était couvert d'un comble à charpente apparente (¹); il

1. V. *Revue de l'Art chrétien*, 3ᵉ livr., p. 184; — V. D. A. Mortier, *Saint-Pierre de Rome*. Tournai, Mame, 1900.

était caractérisé par un transept plus saillant encore que celui de Saint-Paul (¹).

De beaux exemples de basiliques se voient encore à Ravenne (Saint-Apollinaire *in Classe* et Saint-Apollinaire-le-Neuf). Sainte-Marie *de Grado* remonte au VIIe siècle, Saint-Georges de Valpolicella et Saint-Teuteric de Vérone, au IXe. A Salone subsistent des vestiges d'une basilique antérieure au VIIe siècle avec une nef de neuf travées, atrium et baptistère isolé. La basilique de Parenzo en Illyrie date de 540 ; celle de Grado, de 570. La première est fort bien conservée avec son atrium.

San Miniato de Florence et Santa Maria de Toscanella nous offrent de beaux spécimens du XIe siècle, gardant encore fidèlement la forme basilicale (²). Il en est de même de la cathédrale de Fiesole.

## BASILIQUES DE L'ORIENT.

*Basilique de Jérusalem.* — Les découvertes de M. M. de Vogüé (³) rectifiant la restitution proposée par le prof. Willis (⁴), permettent d'avancer que la basilique de Constantin était en forme de halle rectangulaire terminé par une abside. Seulement cette abside offrait un arrangement exceptionnel ; les idées symboliques qui ont toujours interdit de voûter l'église de l'Ascension et d'intercepter, ainsi que le disait saint Jérôme (⁵), « la voie par laquelle Notre-Seigneur s'était élevé au ciel », firent placer le saint tombeau à l'air libre, au milieu d'une cour sacrée entourée par un riche portique en hémicycle. Cette partie du monument, le *Dominicum*, était à l'Ouest, adossée à la colline où avait été creusée l'excavation du Saint-Sépulcre. Le reste de l'édifice s'étendait à l'Est englobant le « Calvaire ». La nef avait une abside particulière, formée de petites colonnes encadrant l'autel sans masquer le Saint-Sépulcre (⁶). Comme Saint-Paul hors les Murs, l'église était pourvue de bas-côtés doubles et couverte d'un plafond à caissons dorés.

---

1. Voir dans l'ouvrage de Kraus (*Geschichte der Kristlichen Kunst*) une belle restitution de l'auguste et à jamais regrettable basilique, reproduite en réduction plus haut, p. 16.
2. V. Gailhabaud. *Monuments anciens et modernes*, t. II.
3. Melchior de Vogüé, *Les églises de Terre-Sainte*, Paris, Didier.
4. Williams et Willis, *The Holy city*. Londres, Parker, 1849.
5. Locis Hebr., *De Apost.*
6. V. L. de Combes, *De l'invention et de l'exaltation de la sainte Croix.*

On admet généralement comme plausible la restitution de
M. Schick, que nous donnons ci-contre. Elle suppose que l'abside

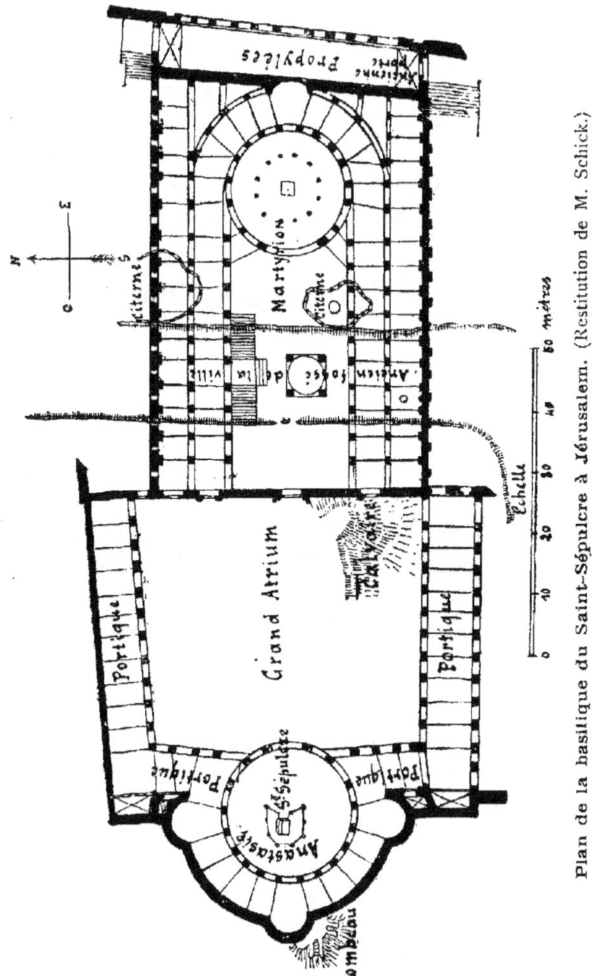


ronde dans le *martyrium* est à l'opposite de *l'anastasie*, la basilique
de Sainte-Hélène s'appuyant par ses nefs à l'*atrium*. M. Clermont-

Ganneau a démontré ([1]) que la façade regardait l'Est et non l'Ouest; on accédait aux portes d'entrée par un escalier monumental embrassant toute la façade et débouchant sur un grand vestibule de colonnes.

Dans son ensemble, la construction Constantinienne reproduit les dispositions principales de la basilique latine ([2]).

*Basilique de Bethléem.* — La basilique de la Nativité de Bethléem est à cinq nefs, avec de vastes transepts terminés en abside aux deux extrémités; une abside plus large termine la basilique à l'Est ; du côté de l'Occident l'église est précédée d'un narthex.

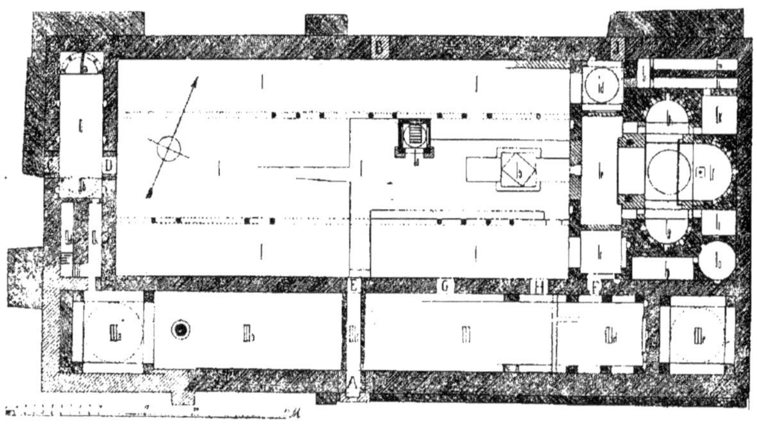

Plan du *Couvent blanc* de Sohag.

*Basiliques d'Égypte.* — M. W. de Bock ([3]) a relevé les dessins du *Couvent blanc* de Sohag, en Égypte, monument chrétien qui rappelle les antiques palais égyptiens par ses murs en talus presque aveugles, et qui a contenu jadis plus de 4000 moines et nonnes ; ce monastère possédait une des plus grandes basiliques du monde chrétien. M. de Bock donne un plan précis de cet édifice du Ve siècle. Imparfaitement orientée, longue de 60 mètres, large de 25, elle est précédée d'un important narthex. Son chevet à trois

---

1. *Académie des Inscriptions et Belles-Lettres*, séance du 5 août 1897.

2. L'abbé Legendre, *Le Saint-Sépulcre depuis l'origine jusqu'à nos jours.* Le Mans, 1897.

3. W. de Bock, *Matériaux pour servir à l'archéologie chrétienne.* Petit in-folio, 90 pp., XXXIII pl. photot. et vignettes. Saint-Pétersbourg.

absides groupées autour d'un carré couvert jadis en coupole, ne rattache au style byzantin ; nous en reparlerons.

Le *Couvent rouge*, situé dans le voisinage, offre les vestiges d'une basilique semblable, mais plus petite ([1]).

*Basiliques d'Afrique.* — Les fouilles du sol de l'Afrique ont mis au jour les vestiges de plusieurs basiliques chrétiennes, notamment de la basilique importante de Damous-el-Karita, de celle de Timgad, découverte par M. Ballu, de celle de Sousse, et, en 1904, de la basilique de Saint-Maxime à Tabarka.

Les premières basiliques du Nord de l'Afrique offrent un mélange de style latin et de style byzantin.

Orléansville en Algérie contenait une basilique à cinq nefs datant de 326, dont il reste les substructions ; il en est de même de la basilique de Sainte-Salza à Tripaza.

Le monastère de Tebessa contenait une vaste église du type basilical, mais flanquée d'un oratoire trèflé comme celle de Sohag.

## TEMPLES VOUTÉS.

Les églises chrétiennes furent généralement abritées sous des combles en bois. Toutefois quelques édifices religieux utilisèrent la construction voûtée. Il faut citer ici comme type le Temple de la Paix à Rome, élevé au IIIe siècle près du Forum par l'empereur Constantin, et devenu la basilique de Constantin. C'était un temple à trois nefs voûtées : la centrale d'arêtes, les latérales, en berceaux transversaux. Le gigantesque et massif vaisseau est terminé par une abside demi ronde et flanqué latéralement d'une autre saillie en hémicycle ; il est précédé d'une sorte de narthex. Entre les berceaux latéraux se dressaient au-dessus de leurs retombées, des murs de refend ser-

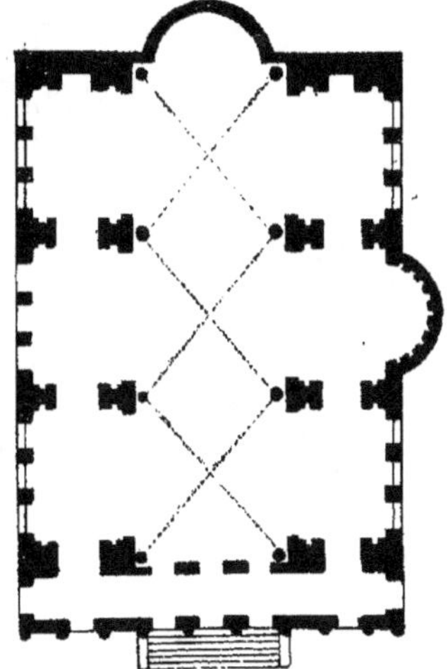

Plan de la basilique de Constantin.

---

[1] Ce *Couvent rouge* garde encore sa coupole établie sur plan carré à l'aide de trompes, que porte un système de huit arceaux pourtourant la croisée.

vant de contreforts à la nef centrale surélevée, et qui avaient l'ap-
parence, sinon la fonction d'arcs-boutants. Dans ce très remarquable
édifice on peut déjà trouver toutes les formes essentielles de la
basilique chrétienne voûtée de l'époque romane.

*Rotondes, baptistères.* — La forme circulaire, dont le Panthéon

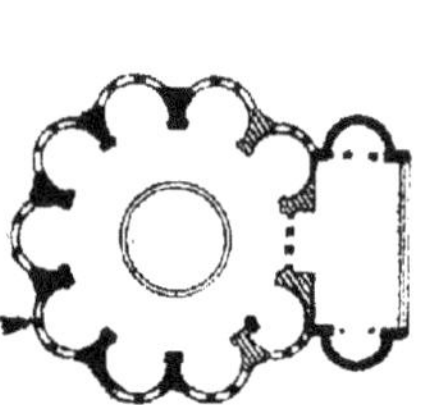

Plan du Temple de la
Minerva Medica.

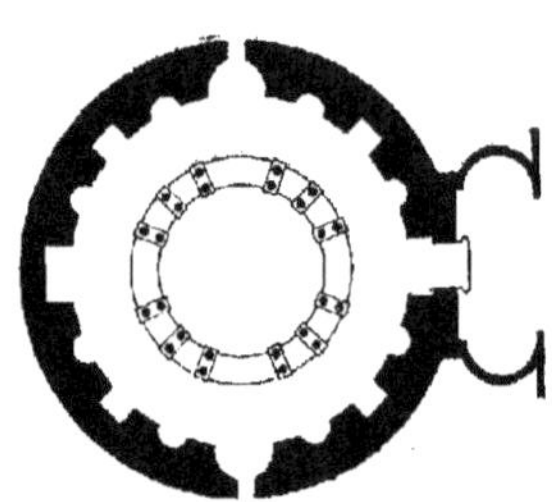

Plan de l'église Sainte-Constance,
à Rome.

offrait un si remarquable exemple, fut imitée par les chrétiens des
premiers siècles. Elle ne convenait pas pour les églises; une forme

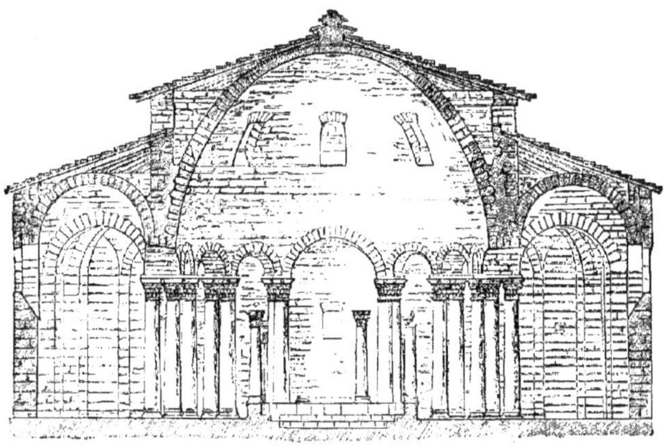

Baptistère de Sainte-Constance. — Coupe.

rectangulaire allongée est dans le vœu de la liturgie. Cependant la
rotonde fut admise parfois, spécialement dans les édifices contenant
les fonts baptismaux ou *baptistères*, qui étaient alors séparés des
églises, dans les mausolées, et même dans des églises, comme

celle des Saints-Pierre-et-Marcellin à Rome et celle de Zara en
Istrie (¹). Le « temple » de Spalatro, l'ancien mausolée de Dioclétien,
élevé en 650, est aussi une rotonde à coupole.

La coupole sphérique constituait une superstructure en quelque
sorte inextensible, portant nécessairement sur un tambour. Les
Romains avaient tenté de développer leurs édifices en surface, en
dehors du cercle de la coupole. Un essai remarquable se voit à la
rotonde du temple de la *Minerva Medica*, qui offre dans son pour-

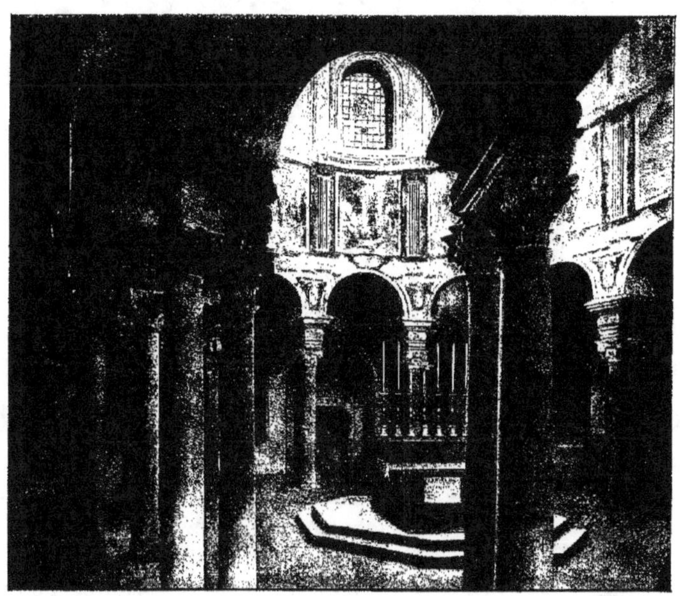

Baptistère de Sainte-Constance. — Vue intérieure.

tour, outre l'ouverture d'entrée, neuf absidioles voûtées en cul de
four s'ouvrant dans la rotonde. Un édifice analogue, remontant au
IVᵉ siècle, forme le noyau de l'église de Saint-Géréon de Cologne.

Un progrès plus notable se trouve accompli par les chrétiens dans
le *baptistère de Sainte-Constance* (²) à Rome, sur la *Via Nomentana*


1. V. Reusens, t. I, p. 148.
2. Gailhabaud, *Monuments anciens et modernes*. — Restaurations de d'Espouy (École
des Beaux-Arts de Paris).

près de la basilique de Sainte-Agnès hors les Murs, dont nous donnons le plan et la coupe verticale. Cet édifice marque le passage de l'art païen à l'art chrétien. Par la richesse du décor et la prédominance des sujets mythologiques, il se rattache aux traditions du haut empire et le caractère confessionnel de ses représentations en font comme les premiers manifestes de la région nouvelle. Les niches étaient ornées de statues, probablement celles des douze apôtres ([1]). Le plan est circulaire ; vingt-quatre colonnes corinthiennes de marbre africain, accouplées,

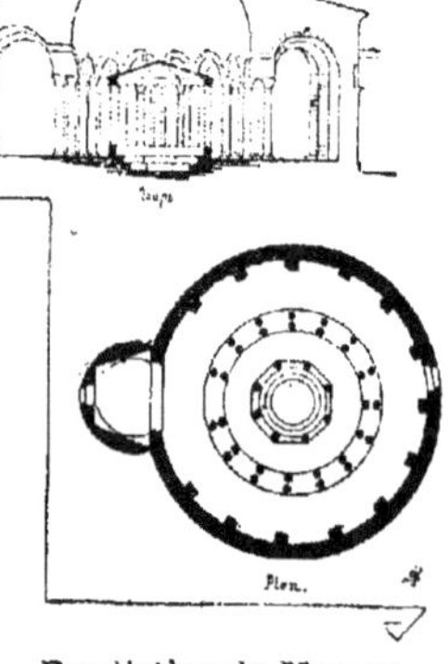

Baptistère de Nocera.

sont réunies deux à deux dans le sens du rayon du cercle que la voûte dessine en plan par douze tronçons d'entablement ; ils forment les supports d'autant d'arches plein-cintre, qui soutiennent une rotonde, surmontée d'un dôme hémisphérique de 22 mètres de diamètre. Au pourtour règne un bas-côté également circulaire, couvert en appentis. Les voûtes sont ornées de fresques et de mosaïques très riches (.). Construit, croit-on, par Constantin, pour le baptême de sa fille, cet édifice servit de tombeau à sainte Constance dont il avait été le berceau au sens spirituel. Elle servit ensuite de baptistère à la basilique voisine de Sainte-Agnès. Sa forme a été imitée au V⁰ siècle dans l'église

Baptistère de Novare. de Saint-Étienne le Rond, construite par le pape

---

1. V. E. Muntz, *Revue des inscr.*, N° 2, 28, janvier, 1903. — *Académie des Inscriptions et Belles-Lettres*, 1898.

2. V. Pl. Jubaru, *L'Arte*, année 1904, p. 457.

saint Simplice (468-482); c'est une vaste rotonde de 65 mètres de diamètres et 26 mètres de hauteur, à deux rangs concentriques de colonnes (1), couverte à charpente.

Nous verrons plus tard de nouveaux essais de rotondes. La rotonde de Sainte-Marie à Brescia ne date que du XIe siècle, bien qu'on attribue cette église au VIIIe.

Parmi les baptistères qui perpétueront plus tard les deux types de rotondes antiques qui précèdent citons celui de Novare et celui de Nocera.

---

1. R. Cattaneo, *ouvr. cité.* — La première galerie a 10 mètres de largueur, la seconde 8m,45 ; la rotonde intérieure, 22 mètres de diamètre.

# BIBLIOGRAPHIE.

J. Quicherat, *Mélanges d'archéologie*, t. II. (*Cours à l'École des chartes.*)

Gailhabaud, *L'architecture du V<sup>e</sup> au XVII<sup>e</sup> siècle et les arts qui en dépendent.* Paris, Gide, 1854, 4 vol., in-4°. — *Monuments anciens et modernes.*

J. Corblet, *Précis de l'Art chrétien en Belgique avant Charlemagne. (Revue de l'Art chrétien, 1860.)*

Hubsch, *Les monuments de l'architecture chrétienne depuis Constantin jusqu'à Charlemagne.* Paris, 1886.

Essenwein, *Baudenkmale der römischen Periode und des Mittelalters.* Berlin, 1886.

Revoil, *L'architecture romane du Midi de la France.*

Alb. Lenoir, *L'architecture monastique.*

E. Corroyer, *L'architecture romane* (1<sup>re</sup> partie).

C. Enlart, *Traité d'archéologie française* (t. I).

Schayes, *Histoire de l'architecture en Belgique* (t. I).

A. de Caumont, *Abécédaire d'archéologie*, 1869.

A. Choisy, *Histoire de l'architecture.* Paris, 1899.

Reusens, *Éléments d'archéologie chrétienne.*

L. Courajod, *Leçons profess. à l'école du Louvre.* 1899.

Pératé, *L'archéologie chrétienne.*

D. Reemer, *Histoire générale de l'architecture.* 1862.

de Jouffroy et Breton, *Descriptions monumentales de la Gaule.*

A. Michel, *Histoire de l'art* (Pératé et Enlart).

Cotman, *Antiquités architecturales de la Normandie.*

G. Von Bezold, *Kirchliche Baukunst des Abendlandes*, 1891.

W. R. Lethaby, *Mediæval art from the peace of the Church to the eve of the Renaissance, 312-1350.* Londres, Duckworth et C<sup>ie</sup>, 1904.

D<sup>r</sup> Milner, *Treatise on ecclesiastical architecture in England during the middle ages.*

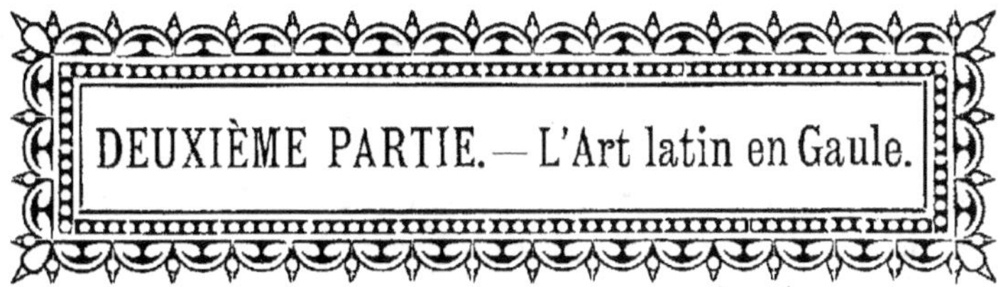



## I. — PREMIÈRES BASILIQUES.

La transformation de la Gaule sous l'action de l'empire romain s'était accomplie depuis l'an 50 avant Jésus-Christ jusqu'à l'an 70 de notre ère. La nationalité gauloise avait été détruite, la religion druidique abolie. Il n'y eut plus, dit Courajod, de Gaulois, mais des Gallo-Romains.

C'est sur les ruines déjà vieillies de l'art romain que se constitua insensiblement une nouvelle architecture à l'usage des Chrétiens. Elle eut pour type la basilique latine ; toutefois elle offrit quelques variantes.

*Basilique de Saint-Pierre à Trèves.* — Dans les centres de la civilisation romaine, la tradition antique maintint une certaine habileté de construction. La cathédrale actuelle de Trèves renferme dans l'épaisseur de ses murs quelques parties d'une antique basilique portant sur des colonnes élancées de très larges arcades, et réalisant une construction d'une remarquable hardiesse, dont un autre beau type se rencontre dans la cathédrale de Parenso, en Istrie. C'est la continuation de l'art romain, si remarquablement développé dans les temples et palais de Spalatro. Les vestiges de la

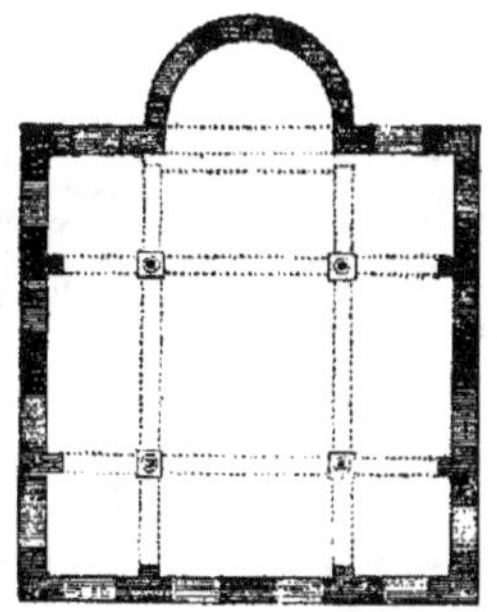

Plan de la basilique de Saint-Pierre de Trèves. (D'après Schayes.)

basilique de Trèves sont les seuls restes de ce genre que possède l'Occident. Les archéologues en ont tenté la restitution ; nous en donnons le plan d'après Schayes ([1]) et Schmidt ([2]), et l'élévation, d'après Essenwein ([3]).

---

1. Schayes, *Histoire de l'architecture en Belgique.*
2. Schmidt, *Baudenkmale der römischen Periode und des Mittelalters in Trier.* Trèves, 1836.
3. A. Essenwein, *Die Ausgänge der classischen Baukunst.* Berlin, 1886.

La basilique de Saint-Pierre (tel était son vocable) remonte, non pas à l'époque de Constantin, comme l'a cru Hubsch ([1]), mais à celle de Valentinien Ier, ainsi que l'ont établi les travaux de M. le chanoine de Wilmowsky ([2]); elle fut convertie au Ve siècle en une église que restaura l'évêque Nicétius au VIe siècle ([3]). C'est l'archevêque Poppon qui noya dans des piliers cruciformes les colonnes romaines qui portaient la superstructure primitive.

La basilique formait un rectangle de 132 sur 121 pieds du Rhin, dans œuvre, enfermé dans des murs en *opus emplectum*. Le

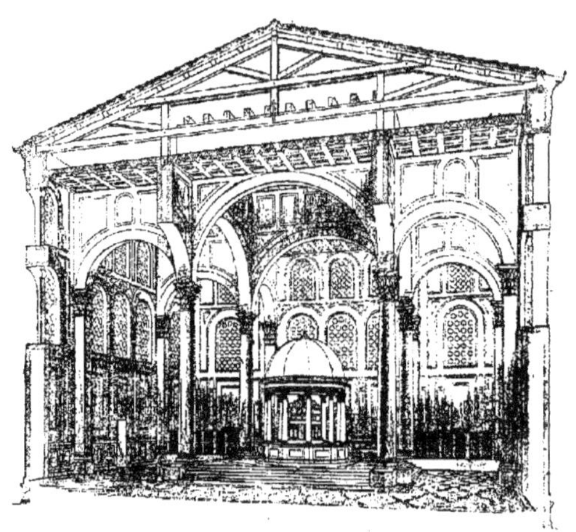

Vue intérieure de la basilique de Trèves. (Restitution de A. Essenwein.)

vaisseau, selon Schayes, était partagé en trois nefs par quatre colonnes. Le fond de l'église a dû être terminé par une abside semi-circulaire, mais il n'en existe plus de vestiges. Il est probable aussi qu'il y avait un portique devant la façade, percée de cinq portes, dont celle du milieu avait 13 pieds de largeur et 18 pieds et demi de hauteur. Ces portes étaient surmontées de deux rangées de fenêtres, au nombre de cinq à chaque rangée. Les

1. Hubsch, *Les monuments de l'architecture chrétienne depuis Constantin jusqu'à Charlemagne*. Paris, 1886.
2. Wilmowsky, *Notice sur la cathédrale de Trèves.* V. *Bull. de la Gilde de St-Thomas et de St-Luc*, 18ᵉ réunion, 1884.
3. V. Lambert et Stahl, *Notice der Deutschen Architectur*. Engelbon, Stuttgart. — V. Planat, *Encyclopédie d'architecture*, vol. 5, p. 1.

fenêtres de la rangée inférieure, beaucoup plus grandes que les autres, avaient la largeur de la porte centrale. Autant de fenêtres semblables éclairaient les côtés de l'édifice. Les arcs en plein cintre des portes et des fenêtres étaient composés de deux rouleaux de briques. Les arcades des nefs étaient formées de trois rangs pareils.

*Basilique de Saint-Martin à Tours.* — Saint Grégoire de Tours nous a laissé la description de la basilique à colonnades architravées, que sur le tombeau du grand apôtre de la Gaule saint Perpet édifia au Vᵉ siècle et consacra en 470 ; ce fut l'une des plus importantes et des plus célèbres basiliques d'Occident.

Les fouilles opérées en 1857 sous la direction de M. Ratel, à la suite des études de divers archéologues ([1]), ont mis au jour des vestiges au sujet desquels on ne s'est pas mis d'accord ; M. R. de Lasteyrie conteste à M. Ratel et à Mgr Chevalier, que ces restes soient ceux de la basilique primitive ([2]).

Depuis longtemps J. Quicherat, s'inspirant de documents écrits, avait fait de la basilique de Saint-Martin une célèbre restitution ; nous en reproduisons le plan. Son hypothèse semble infirmée, en ce qui concerne la forme de l'abside, par les substructions découvertes, qui indiquent au chevet un déambulatoire garni de cinq absidioles, figurées dans le plan ci-contre relevé par M. R. de Lasteyrie. Mais celui-ci n'admet pas qu'il s'agisse de la basilique primitive,

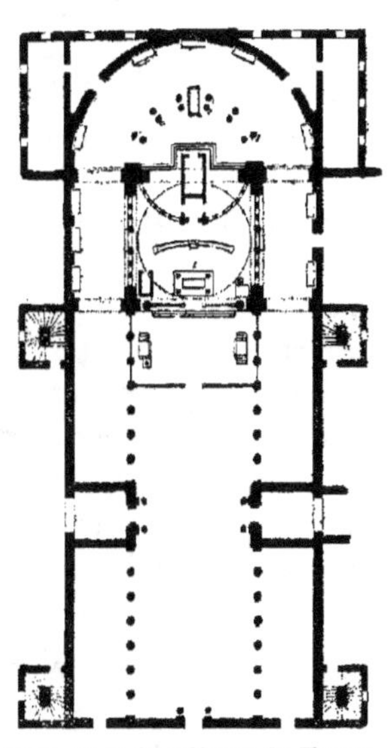

Plan de la basilique de Tours.
(Restitution de J. Quicherat.)

1. Ch. Lenormant, A. Lenoir, J. Quicherat, E. Mabile, Hubsch, E. Lecoy de la Marche, Ch. de Grandmaison et Mgr Chevalier. V. *Revue de l'Art chrétien*, année 1886, p. 405 ; année 1892, p. 156. — V. Ch. de Grandmaison, *Résultat des fouilles de Saint-Martin à Tours en 1886.* (Bibl. de l'École des chartes, avril 1893.) — V. S. Ratel, *La basilique de Saint-Martin à Tours*, Bruxelles, Vromant, 1886.

2. V. R. de Lasteyrie, *L'église de Saint-Martin de Tours.* Paris, imp. nat. 1891. (*Mém. de l'Acad. des Inscr. et Belles-Lettres*, t. XXXIV, 1ʳᵉ partie) et *Journal des savants. Cours profess. à l'École des Chartes.*

ce qui renverserait toutes les idées reçues jusqu'ici sur la disposition des basiliques latines ; on se trouve, d'après lui, en présence d'une reconstruction romane.

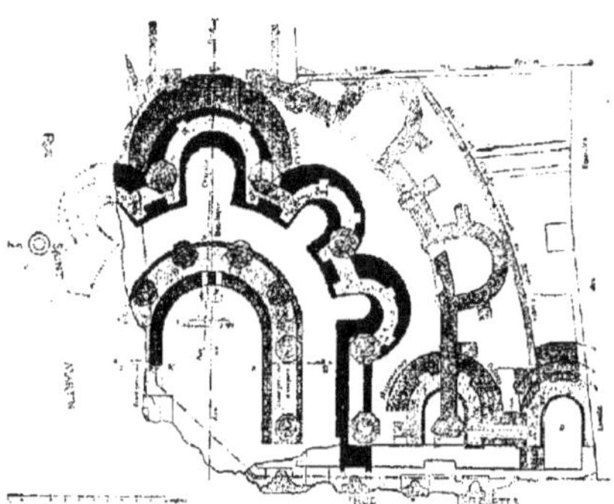

Vestiges de la basilique de Saint-Martin de Tours, d'après le relevé de M. R. de Lasteyrie.

Voici la restitution hypo-thétique du plan de la ca-thédrale primitive d'Angou-lème, en construction sous Constantin, selon M. J. H. Michon ([1]).

Bien rares sont les ves-tiges encore existants de basiliques la-tines ([2]). M. L. Maitre a

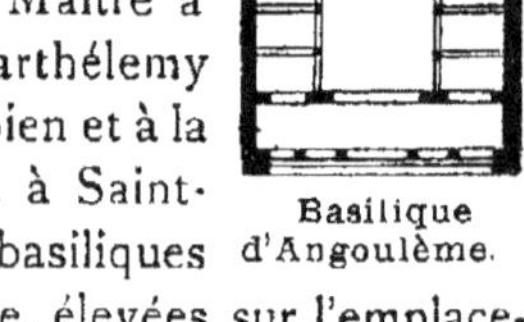

Basilique d'Angoulème.

signalé à Saint-Clément d'Anetz, à Saint-Barthélemy et à Saint-Julien de Concelles, à Saint-Lupien et à la Blanche de Rezé, à Saint-Symphorien et à Saint-Donatien de Nantes des vestiges de basiliques chrétiennes primitives, à plan rectangulaire, élevées sur l'emplace-ment des villas dont elles dépendaient ([3]).

En dehors de ces rares vestiges, on en est réduit aux vagues indications des textes. On sait qu'il y eut des archevêchés ou des évêchés dans toutes les cités romaines, qui virent s'élever les premières basiliques. La plus ancienne trace d'église élevée en France est une inscription du musée de Narbonne relatant la

---

1. V. J. Mallat, *Revue de l'Art chrétien*, année 1897. Notre-Dame de la Pesne.

2. L'église Saint-Adalbert à Aix-la-Chapelle montre un spécimen notable de l'époque latine. En dépit de nombreux remaniements, l'ossature de l'ancienne basilique est demeurée intacte. Les détails de la décoration ont été fidèlement copiés. Les arches de la nef avec leur archivolte saillante sont anciennes. Le plafond est plat.

On a découvert en 1899 à Saint-Maurice, dans le Valois, les restes du chevet d'une ba-silique et de trois absides superposées, remontant à l'époque latine. — A Sion, une inscription mentionne la réparation d'une église en 377. — D'après le chanoine Routledge l'église Saint-Martin de Cantorbéry et la petite chapelle du château de Donons remon-teraient au IV<sup>e</sup> siècle (?).

3. V. *Bull. archéol. du Comité des trav. hist.*, n° 1, 1893. — *Congrès des Soc. savantes*, 1892. — *Revue de l'Art chrétien*, année 1892, p. 503.

construction à Minerve (Aude) d'une riche basilique élevée par l'évêque Rustique (442-446) (¹).

Les écrivains ecclésiastiques décrivent d'une manière plus ou moins explicite quelques basiliques élevées en Gaule aux Ve, VIe et VIIe siècles. En même temps que celle de Saint-Martin, Grégoire de Tours nous décrit d'une façon plus ou moins claire celle de Clermont, que l'évêque Namatius mit douze ans à bâtir au Ve siècle, sur un plan pareil à celui des basiliques romaines (²).

Saint Fortunat parle de la basilique de Saintes et de celle de Nantes érigée par saint Félix; il nous apprend qu'au VIe siècle on usait de couvertures en étain, sans doute à l'intérieur et dans le but d'augmenter l'effet des lampes (³). Saint Apollinaire entre dans des détails sur les basiliques de Fréjus et sur la somptueuse église des Saints-Apôtres à Lyon, toutes deux élevées vers 462.

Saint Géry bâtit en 640 celle de Cahors; saint Agricole éleva plus tard celle de Châlons. La basilique de Sainte-Croix et Saint-Vincent, élevée par Childebert à Paris, fut consacrée en 558 par saint Germain (⁴).

Feu Wauters a cité un texte, qui donne une idée importante de la basilique élevée vers 600 par saint Monulphe à Maestricht, en l'honneur de saint Pierre (⁵); elle offrait le type à arcades sur piliers. Saint Grégoire la cite comme la plus grande des Gaules.

L'ordonnance de la basilique de Saint-Ursmer de Lobbes nous est connue par d'intéressants passages du *Spicilegium* de l'abbé Folcuin (⁶); il semble en résulter que le système de colonnades architravées exécuté grâce au remploi de colonnes antiques, fut pratiqué en Belgique jusqu'à la fin du millénaire. Cette basilique, une des plus remarquables de la Gaule, terminée au IXe siècle, offrait des colonnes d'une grande hauteur amenées du Midi; elle était couverte d'un plafond plat polychrome.

---

1. V. C. Enlart, *Manuel d'archéologie*, t. I, p. 105.
2. Malheureusement les obscurités qu'offre son texte laissent place à d'interminables controverses.
3. V. E. Eude, *Académie des Inscriptions et Belles-Lettres*, séance du 23 sept. 1898.
4. V. C. Enlart, *ouv. cit.*, p. 114.
5. V. *Ann. de la Soc. arch. de Bruxelles*, 1890, p. 209.
6. *De gestis abb. Lobbiensium*, cap. XVIII, t. II, col. 736.

L'église de Celles près de Dinant (Belgique), qui peut-être ne remonte qu'à l'époque romane, présente encore très fidèlement les formes de la basilique latine.

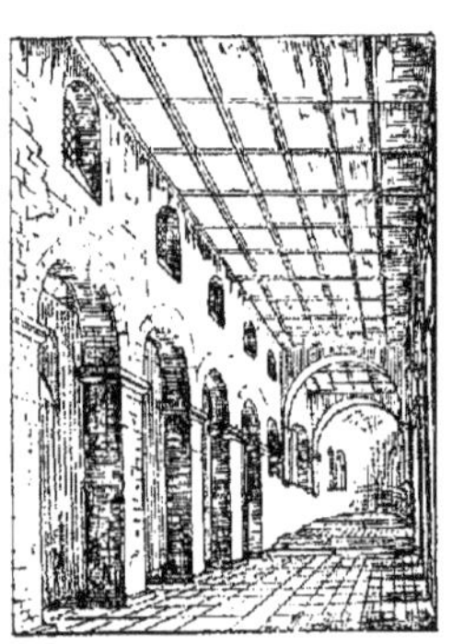

Église de Celles.

*Basiliques en bois.* — Parfois les basiliques furent élevées en bois, soit à titre provisoire, « *pro festinatione operis* », soit par suite des traditions de charpenterie et des usages des populations du Nord, si vivaces encore en Norvège, où l'on voit debout quantité d'églises en bois.

Ce fait est attesté d'une manière positive pour l'église carolingienne de Charroux, dont le chœur, lors de la consécration de 799, était seul en pierre. Le reste, édifié en bois sous Charlemagne, ne fut exécuté en maçonnerie que par Louis le Pieux ([1]).

On a retrouvé les vestiges d'une basilique dans le sous-sol de l'église de Saint-Pierre de Genève ; elle fut construite sous l'évêque Gondebard entre l'année 517 et 522. Le Dr Gosse ([2]) a trouvé la preuve qu'elle était entièrement en charpente de bois ; il a mis au jour un parpaing de maçonnerie comme celui qui porte nos pans de bois ([3]). Elle mesurait 20 sur 21 mètres et était accompagnée d'un baptistère rond. Cette basilique était réservée au clergé et aux initiés ; le peuple se tenait dans l'atrium.

Une disposition analogue se rencontrait à Saint-Pierre de Clages (évêché de Sion en Valais), à Saint-Pierre et Paul aux Aliscamps (Arles) et à Saint-Sulpice de Lausanne. L'an 1240, on retrouvait à 22 pieds sous terre les restes de la basilique en bois que saint Servais avait construite à Tongres ([4]).

---

1. A. Brouillet, *Indicateur archéologique de l'arrondissement de Civrai*, pp. 150 et 153. Cet archéologue cite d'après un manuscrit du XIVe siècle quantité d'exemples d'églises construites en partie en bois à titre provisoire, à l'époque romane et à des époques ultérieures.

2. Dr Gosse, *Saint-Pierre, ancienne cathédrale de Genève*, Genève, 1893.

3. Elle doit avoir fait place vers 590 à une autre basilique, comportant une abside large de 8 mètres et deux absidioles.

4. Reconstruite en 800, elle fut consacrée en même temps que le dôme d'Aix-la-Chapelle.

## CONSTRUCTION.

Les basiliques latines de l'Italie et de la Gaule furent, comme nous l'avons dit, souvent édifiées avec des matériaux de remploi, qu'on enlevait aux monuments antiques, qu'on prenait où l'on pouvait, et qui n'étaient pas même toujours assortis et uniformes. Comme les basiliques étaient beaucoup plus vastes que les temples, il fallait souvent, pour en élever une seule, dépouiller plusieurs édifices païens. L'art architectural était si profondément déchu, que l'on ne craignit pas d'associer des débris de différent style, tout en s'efforçant de les rajuster le mieux possible.

Il n'était pas aisé de trouver toujours dans les ruines antiques assez de colonnes de même hauteur et de même ornementation. Dans ce cas, on plaçait les tailloirs de toutes les colonnes dans un même plan horizontal, on enterrait ou l'on tronquait celles qui étaient trop longues, on surhaussait les bases de celles qui étaient trop courtes, comme on le voit aux églises de *Santa Maria in Trastevere*, et de l'*Ara Cœli*, etc. à Rome. L'espacement même des colonnes était inégal. Un des plus curieux exemples de ce mode de construction irrégulier, également pratiqué en Gaule, est le Baptistère de Saint-Jean-Baptiste à Poitiers.

Dans le Midi de la France les églises chrétiennes furent ordinairement construites ainsi, et cette pratique déshabitua les maçons des proportions classiques :

« Les monuments antiques de l'époque romaine, dit Viollet-le-Duc, laissaient sur le sol des Gaules une quantité innombrable de colonnes ; car aucune architecture ne prodigua autant ce genre de support que l'architecture des Romains. Nos premiers constructeurs romans employèrent ces fragments comme ils purent ; ils trouvaient très simple, lorsqu'ils élevaient un édifice, d'aller chercher parmi les débris des monuments antiques des fûts de colonnes et de les dresser dans leurs nouvelles constructions, sans tenir compte de leur grosseur ou de leurs proportions, plutôt que de tailler à grand'peine, dans les carrières, des pierres de grande dimension et de les emmener à pied d'œuvre. Il résulta de cette réunion de colonnes ou même de fragments de colonnes de toutes dimensions et proportions, dans un même édifice, souvent, un oubli complet des méthodes qui avaient été suivies par les Romains dans la composition des ordres de l'architecture. Les yeux s'habituèrent à ne plus saisir ces rapports entre les diamètres et les hauteurs des colonnes, à ne plus éprouver le besoin de l'observation des règles suivies par les anciens. Cet oubli barbare résultant de la perte des traditions et des moyens de construction très incomplets, du défaut d'ouvriers capables, fit faire aux architectes des premiers temps du moyen âge les plus singulières bévues ([1]). »

D'ailleurs, il y a une proportion qui ne se perdit pas, et que maintint la tradition, c'est celle du plein au vide, des écartements en élévation ([2]).

Ajoutons que cette habitude de mettre en ligne des chapiteaux d'ordre différent, cette variété presque licencieuse qui résultait des nécessités du temps, habituait l'œil à une variété de l'ornementation, qui eut son bon côté. Causée à l'origine par l'indigence artistique, elle devint plus tard un des traits saillants de l'architecture chrétienne. Bientôt, même quand on eut à exécuter des chapiteaux neufs, n'en trouvant plus d'anciens à réemployer, on en varia à dessein le décor, préludant à cette liberté large et fière qui caractérise l'art du moyen âge.

En attendant les *profils des moulures* n'offrent que la corruption des profils romains: les arêtes vives sont émoussées, les tracés curvilignes sont incertains et rarement tirés au compas, les baguettes sont aplaties et tendent à se confondre avec le listel. Les bandeaux sont inclinés en avant ou en arrière. Le tore, jusqu'ici réservé à la base, prend place parmi les moulures de l'entablement et se profile par une ligne déprimée. Il en est de même du talon, qui se confond avec le listel et s'altère, soit par effacement, soit par exagération. Le cavé, moulure de raccord, prend place parmi les moulures essentielles.

Dans les combinaisons de moulures d'autres innovations s'introduisent. On avait évité jusqu'à la décadence la superposition des moulures de même forme; maintenant on les répète, on ajoute plusieurs listels, on superpose plusieurs bandeaux.

Les déformations s'accumulent dans l'entablement. Il ne se compose plus nécessairement de trois parties, architrave, frise et corniche; on supprime l'une ou l'autre de ces parties. Souvent l'entablement est réduit à la corniche, elle-même souvent à un bandeau larmier porté sur des modillons. L'altération des proportions n'est

---

1. *Dict. rais. de l'Archit.*, t. III, p. 492.
2. Quicherat, *ouv. cité*, p. 389.

pas moins sensible. Les bandeaux sont devenus de minces listels, et la frise se réduit à un bandeau.

Souvent l'entablement présente dans l'architrave trois bandeaux en chanfrein ; dans la frise, une zone déprimée ; dans la corniche, deux talons séparés par un listel, portant un bandeau garni de modillons ou de denticules, puis deux talons à profil effacé séparés par une baguette et portant un long listel.

Corniche de la porte de Saint-André à Autun.

En Gaule l'*entablement* se réduit même le plus souvent à la corniche, et celle-ci est composée souvent de deux ou trois listels superposés, portant par une moulure creuse un bandeau à denticules surmonté d'une cymaise, composée elle-même d'un quart de rond entre deux baguettes.

L'*archivolte* se réduit à un simple listel ou se retourne horizontalement à l'instar d'un cordon ; comme tel il s'orne parfois de petits modillons rappelant les gouttes des corniches ([1]). L'archivolte repose sur des impostes à doucines.

L'ordonnance classique, composée de pilastres portant un entablement plus ou moins rudimentaire, traverse toute l'époque latine et on la retrouve jusque dans des édifices romans. Les angles de la rotonde d'Aix-la-Chapelle sont encore garnis, en guise de contreforts, de doubles pilastres couronnés de chapiteaux corinthiens. Plus tard, en plein XIe siècle, des pilastres disposés de même aux angles des chapelles d'Heiligekreuz ([2]) et d'Essen, portent un véritable entablement, réduit, il est vrai, à un profil sommaire et déjà roman.

Le pilastre romain cannelé se retrouve même jusqu'au XIIe siècle ([3]). Il abonde dans les églises

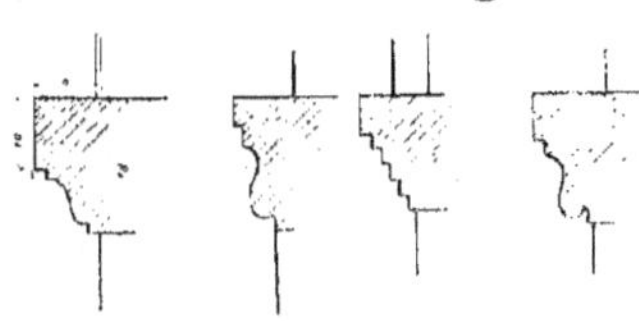

Profils d'impostes à l'église de Cornelimunster.

---

1. Exemple, les baies de l'église de Saint-Généroux (voir plus loin).
2. V. G. N. Eflman, *Heilig Kreuz Pfalsel.* — *Ann. de la Société centrale de Bruxelles*, t. V, p. 9. — V. Revoil *Architecture romane du Midi de la France.*
3. On le voit encore à l'abbaye de Lorsch et à l'abbatiale de Vézelay, ainsi qu'aux cathédrales d'Autun et de Limoges et aux églises de Beaulieu et de Beaune, en Belgique,

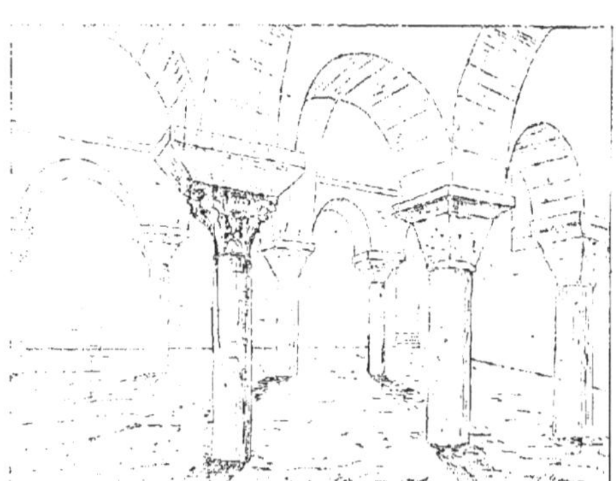

Crypte de Saint-Seurin de Bordeaux,
d'après M. L. Maître.

romanes bourguignonnes, notamment à Saint-Lazare d'Autun, ainsi que les cordons à doucine.

Le système de la colonnade architravée se maintient jusqu'à la fin de l'époque romane dans quelques édifices du Midi ([1]).

*Colonnes.* — Là colonne est formée d'éléments hétérogènes : pièces de remploi empruntées à l'architecture romaine et imitation gauche et grossière des colonnes antiques.

La crypte de Saint-Seurin de Bordeaux fait voir de ces chapiteaux grossièrement façonnés à peine débrutis, mis en œuvre avec des parties d'ouvrages antiques, le tout mal assorti.

Toutefois, suivant une tradition d'origine byzantine, le tailloir est dès à présent remplacé par un puissant abaque à moulures classiques.

*Appareil.* — A l'époque latine les maçons étaient Goths ; ils pratiquaient le grand appareil romain. « Dans nos villes, le

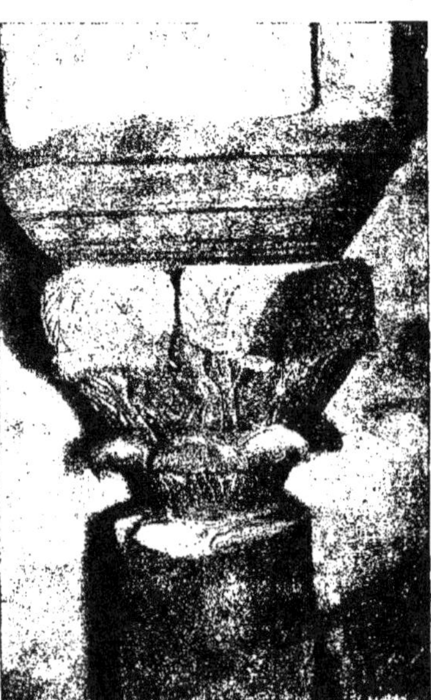

Chapiteaux de la crypte de Saint-Seurin à Bordeaux.

aux clochers de Winxele et d'Hérent. A Saint-Front de Périgueux spécialement, qui est du XI⁰ siècle (restaurée), on retrouve les ordres de pilastres et de colonnes superposés et les arcades plein cintre dans les entrecolonnements, et, chose non moins curieuse, les colonnes rondes de la rotonde supérieure sont des colonnes de remploi, toutes inégales. (V. Viollet-le-Duc, *Dict. rais. d'architecture*, art. *Clocher*.)

1. On en trouve un remarquable exemple au portail de Saint-Trophime d'Arles.

maçon, le porteur d'eau, le portefaix, sont des Goths », dit l'évêque Synésius au V<sup>e</sup> siècle (¹).

La construction de pierre se transmit à la race envahie : c'est ce que prouve un texte législatif rédigé par les Lombards, qui règle les tarifs des maçons. Un privilège fut accordé aux *Magistri Comacini*, qui propagèrent, sous le nom de *opus romanum* ou *more romano*, l'architecture dite romaine, mélangée de sculpture byzantine (²).

L'église de Saint-Pierre le Vif de Rouen, plus tard appelée Saint-Ouen, datait de 536 ; d'après un écrivain du siècle, nommé Frédégide, elle fut construite « par une main gothique, en pierres équarries, et avec un art admirable », par ordre de Clotaire IV (³). Ce mode gothique de construire était le grand appareil romain.

La cathédrale de Cahors, élevée par saint Didier (637-660), le fut « suivant la manière des anciens, en pierres équarries et polies, non pas suivant le mode gallican en usage dans le pays, mais à l'imitation des vieilles enceintes de murailles, de pierres grandes et carrées (⁴). »

Vers l'an 790, on bâtissait en Écosse une grande église en pierre *à la romaine* (⁵).

A cette époque on ne connaissait pas la boucharde, ni les bordures ciselées des carreaux de face, que l'on nomme plumées (⁶).

Durant l'époque latine subsiste cependant aussi le petit appareil gallo-romain cubique ou réticulé, mêlé de briques formant cordons ou archivoltes ; on rencontre également l'appareil en épi ou en fougère, ainsi que des dessins en damier.

Le manque d'artistes ornemanistes a amené les architectes mérovingiens et surtout les carolingiens à décorer le nu des murs avec des briques et des pierres posées en zigzags ; on alterne la brique et la pierre dans les arcades ; on forme avec ces matériaux des dessins représentant des frontons aigus. On décore les murs de

---

1. Synesius, *Discours sur les royautés*.
2. *Leçons de Courajod*, p. 169.
3. *Acta sanctorum*, t. II septembris, p. 228.
4. *Vita sancti Desiderii Cadurcensis episcopi*, dans Dom Bouquet, *Recueil des historiens de France*, t. III, p. 531.
5. Wauters, *Ann. de la Soc. d'archéol. de Bruxelles*, 1889, p. 213, note.
6. Ch. Diehl. Ravenne, *Études sur l'Art byzantin*, t. XXVIII.

colonnes antiques de remploi, engagées ; on les couronne de rudi-
ments d'entablement ([1]).

*Portes*. — De Caumont donne deux exemples de portes mérovingiennes ([2]). L'une est la porte de l'église Saint-Eusèbe à Gennes
(Maine-et-Loire) ; c'est une baie rectangulaire formée par un linteau
reposant sur deux montants, le linteau est déchargé par un arc en
plein cintre dans lequel des claveaux en pierre alternent avec des
briques. L'autre est la porte de l'église Saint-Pierre de Vienne ; elle
est du même genre, mais l'arc et le tympan sont ornés d'imbrications ;
sur le tympan est représentée une croix.

*Voûte*. — On ne voûte pendant les premiers siècles que l'abside
de l'église, formée en cul de four, à part quelques rares coupoles
hémisphériques ; la maçonnerie est ordinairement agglomérée
selon la méthode romaine.

*Sculpture et décoration*. — Étudiant les origines et caractères de
l'art gallo-romain, M. S. Reinach partage l'Europe en deux parties :
le domaine méditerranéen ou gréco-romain, et le domaine celto-
scythique (la Gaule et le Nord de l'Europe).

Les principes du style celto-scythique sont :

la décoration géométrique, symétrique prévalant sur la forme
vivante,

l'emploi de couleurs vives,

le travail ajouré,

la tendance à la stylisation.

D'autre part, L. Courajod admet une importante influence de
l'Orient sur la Gaule de l'époque latine. Viollet-le-Duc et Quicherat
n'avaient admis l'influence gréco-orientale et byzantine qu'à partir
du XIe siècle et des croisades. Mais selon Courajod ce mouvement
n'est rien en comparaison de l'hellénisation de l'Occident aux
époques mérovingienne et carolingienne. Bref nous pouvons cons-
tater une chose remarquable : l'art byzantin marchant vers l'Ouest

---

1. Tels sont les traits saillants dont on retrouve encore des exemples dans plusieurs
églises sur lesquelles nous reviendrons plus loin et que nous classerons dans la période
carolingienne, au berceau du style roman, mais qui offrent encore, surtout dans leur
appareil, des traits de la tradition latine. Citons ici Saint-Jean de Poitiers, Distré, Cravant, Lorsch, Saint-Généroux.

2. M. de Vogüé, *L'architecture civile et religieuse dans la Syrie centrale du Ier au
Ve siècle*, p. 18.

en même temps que le Christianisme. M. de Voguë dans son beau livre sur l'*Architecture syrienne*, nous a révélé l'art gréco-oriental dans sa forme chrétienne (¹).

« C'est par cet art, dit Courajod, que semble s'être faite la transmission à l'avenir du passé de la civilisation méditerranéenne. Baptisé aux fleuves de la Syrie et de la Judée, cet art grec a rajeuni, concurremment avec l'art barbare, et ensemble ils ont formé l'esthé- tique européenne. »

En suivant la marche successive des innovations décoratives, on voit les Latins modifier d'abord timidement les fleurons du chapiteau corinthien et quelques moulures ornées de l'ordre ionique. Au VIe siècle, apparaissent des motifs nouveaux dus à l'influence byzan- tine, qui propage les symboles chrétiens. L'aigle et la colombe remplacent parfois la volute pour supporter l'abaque. Des emblèmes

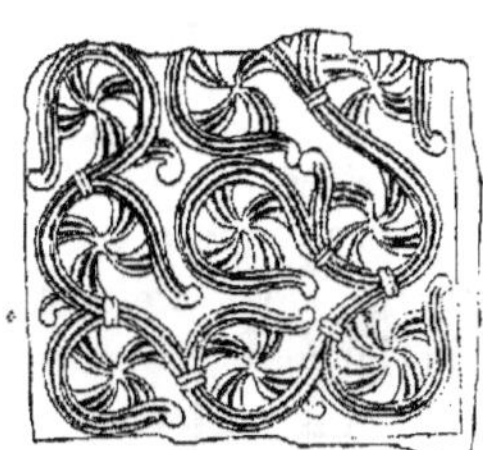

1

chrétiens, la croix, l'α et l'ω, se mêlent aux éléments classiques. Bientôt sous l'influence orientale, l'abaque prend les proportions d'un second chapiteau.

Aux VIIe et VIIIe siècles, la sculpture décorative est en pleine décadence. Toute- fois les végétaux et les formes géomé- triques gardent une certaine correction.

L'ornementation sculptée est faite de baguettes juxtaposées, tournées en cercle, disposées en losanges, en carrés, en courbes, etc. mais toujours sans discontinuité dans l'enlacement de leurs méandres, décora- tion qui est la caractéristique la plus absolue des œuvres du IXe et du Xe siècle et paraît due à l'influence du Nord.

2

Les clichés qui précèdent (1 et 2) représentent des ornements de la crypte de Saint-Seurin à Bordeaux, d'après M. L. Maître.

---

1 M. de Voguë, *Ouvr. cité*.

## II. — DISCUSSION DE LA FORME BASILICALE.

La forme basilicale, que les Romains, gens pratiques, avaient inventée et que les Chrétiens ont adoptée à leur exemple, est restée depuis lors la forme de prédilection des temples, et en se développant d'une manière logique, avec une suite remarquable, elle a engendré les monuments les plus importants. Aucune forme architecturale n'a joué dans le monde un rôle aussi prépondérant. Nous pourrons suivre ses transformations successives à travers dix siècles au moins. Cette forme primordiale est comme une graine, qui donnera naissance à une plante vigoureuse aux rameaux puissants, appelés à produire une floraison artistique merveilleuse. Les grandes cathédrales du moyen âge sont en germe dans la plus simple des basiliques latines. Aussi croyons-nous intéressant de

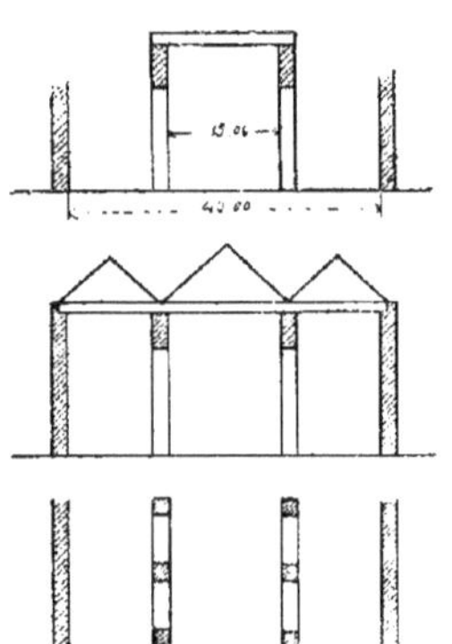

nous arrêter un instant, avec J. Quicherat, à en analyser la structure (¹).

Supposons que nous ayons à construire un édifice très étendu en longueur et en largeur. La longueur ne nous embarrassera guère ; mais la largeur présentera certaines difficultés. Si elle atteignait, par exemple, quarante mètres entre les murs clôturant latéralement l'espace, il serait impossible de jeter une voûte entre eux, avec les procédés de maçonnerie en usage à cette époque, et l'on ne trouverait même pas de pièces de bois pour franchir une

aussi grande portée. Il faut chercher un expédient. On pourrait trouver des poutres de quinze mètres de longueur. On sera amené presque nécessairement à établir ces poutres, comme entraits de charpente entre deux murs recevant leurs extrémités.

Mais si ces murs viennent jusqu'à terre, ils diviseront l'édifice dans le sens superficiel ; celui-ci n'aura plus la largeur voulue. Il faudra donc que ces murs soient pour ainsi dire suspendus, et

---

1. V. J. Quicherat, *Mélanges d'archéologie*. — Dans ce qui suit nous avons utilisé les leçons orales de Quicherat.

qu'ils se réduisent, à terre, à des supports isolés, dont le pied prenne le moins de place possible. D'autres poutres franchiront les espaces latéraux moins larges et l'édifice sera à l'abri.

Telle est la solution naturelle qui se présente à l'esprit.

Mais la lumière n'arrivera plus qu'en quantité insuffisante dans l'allée du milieu, que nous appellerons la *nef centrale*. Pour obvier à cet inconvénient, il nous faut aller chercher du jour au-dessus des entraits latéraux, en relevant les fermes centrales. Je continuerai donc à édifier les murs qui portent les entraits du milieu, et je percerai des fenêtres dans le mur entre le toit des nefs latérales et l'entrait de la nef centrale exhaussée.

Si l'espace ainsi abrité ne me paraît pas suffisant, je pourrai en augmenter la superficie en établissant au-dessus des nefs latérales une double galerie. Pour cela, je devrai élever les murs d'appui des trois rangées d'entraits, et réduire à des supports isolés le mur séparant les galeries de la nef centrale.

Il y a un point que nous avons laissé provisoirement sans solution : c'est la manière de substituer aux murs pleins, entre les trois nefs, de simples appuis isolés. Les soutiens des murs de la grande nef sont des rangées de *colonnes* ou des *piliers*. Ces soutiens portent la superstructure, soit par une plate-bande soit par des arcades.

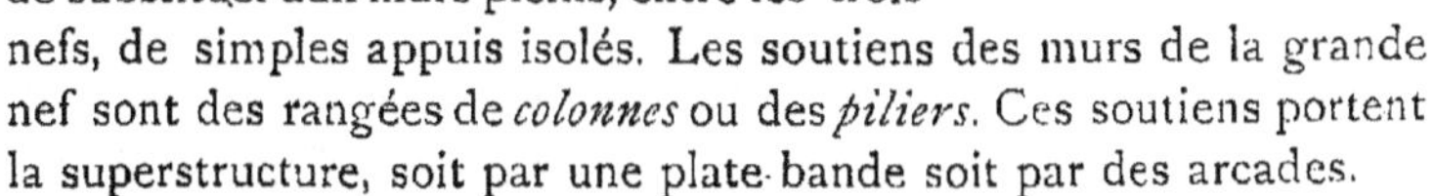

*Colonnades architravées.* — Dans le système *de la plate-bande*, la colonnade étant architravée, on opère, pour continuer l'ouvrage, comme si l'on commençait à bâtir sur le sol, ou plutôt au-dessus de linteaux de portes ; c'est-à-dire qu'au-dessus de l'architrave, d'une colonne à l'autre, on établit des arcs surbaissés de décharge.

Au-dessus de l'architrave et de ces arcs, on peut au besoin appuyer les solives des galeries, arrêter la construction à une semelle horizontale, et établir la colonnade de la galerie, qui porte le mur supérieur de la même manière.

A la galerie on place des colonnes plus petites, parfois accouplées, et reliées par un bout d'architrave en dessous de l'architrave principale.

L'entrecolonnement était au maximum égal à trois diamètres.

Ce procédé s'appelle celui de la *colonnade architravée*. Elle exige l'emploi de colonnes *très rapprochées*.

*Arcades sur piliers.* — On peut encore élever la superstructure sur des *piliers*, soutenant une série d'*arcades*. On pourra espacer ces piliers beaucoup plus que les colonnes.

Le système d'arcades sur piliers n'a pas l'élégance des colonnades architravées, du moins chez les Latins ; mais il permet de diminuer le nombre des supports qui entravaient la vue et la circulation. Les constructeurs de l'époque se sont vus forcés d'y recourir, quand le magasin des ruines antiques épuisé ne leur a plus fourni des colonnes qu'ils pussent réemployer, n'ayant pas l'habileté voulue pour en tailler ; ils y furent surtout contraints, quand ils n'eurent plus à leur disposition que de petits matériaux pierreux, comme ce fut le cas de plus en plus général en Gaule.

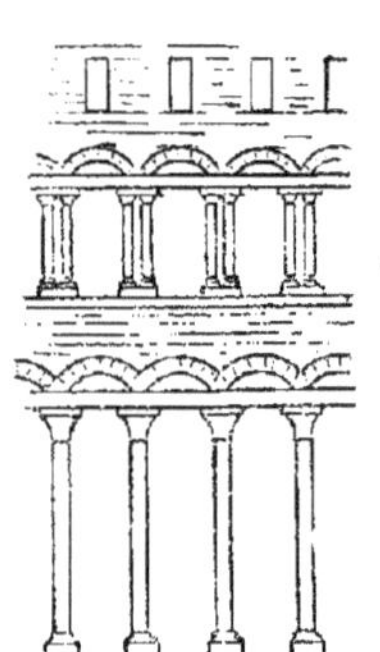

*Arcades sur colonnes.* — Indépendamment de ces deux systèmes on conçut enfin une troisième manière de résoudre la difficulté ; elle consiste dans le système d'*arcades sur colonnes*, qui caractérise l'art nouveau, et qui, emprunté aux Romains, fait l'essence de l'architecture chrétienne. Les arcades, construites en briques, sont plus étroites que celles qu'on bandait entre deux piliers. Cependant on se départit de l'étroitesse extrême de l'entrecolonnement antique.

Tel est le système de construction qui a prévalu graduellement, et qui est devenu presque exclusif après l'établissement des monarchies barbares. C'était notamment, à Rome, celui de la basilique de Saint-Paul hors les murs, de Sainte-Agnès, etc. Des arcades sur colonnes apparaissent déjà dans l'atrium du palais de Dioclétien à Spalatro. D'après un texte cité par M. Wauters, Monulphe, évêque de Maestricht, éleva dans cette ville une église dédiée à saint Pierre, construite de pierres et de briques entremêlées. « On y

voyait des colonnes dont le chapiteau soutenait des arcades portant
la muraille de l'édifice ([1]). »

Dans le fait, quand les princes de la décadence romaine eurent
à construire de grandes et somptueuses églises, ils enlevèrent aux
monuments païens existants les colonnes nécessaires. Dans la Gaule,
on ne procéda pas autrement, et quand il n'y eut plus sur notre sol
de matériaux classiques à réemployer, on alla fouiller l'Italie. Charlemagne faisait encore venir de Ravenne les colonnes de l'étage
de l'église d'Aix-la-Chapelle, et, au IXe siècle, c'est avec de somptueuses colonnes amenées du Midi qu'on élevait la basilique de
Lobbes, une des plus belles de la Gaule, et tout à fait conforme
encore au type primitif. Quatre co-
lonnes antiques de marbre d'Aquitaine se voient encore dans la petite
église de Saint-Pierre à Montmartre.
Marseille, Arles, Narbonne, après
avoir été exploitées durant plus de
cinq siècles, étaient encore les ma-
gasins où allaient s'approvisionner
les architectes de la Gaule; des forêts
de marbre passaient des monuments
de l'antiquité dans les églises.

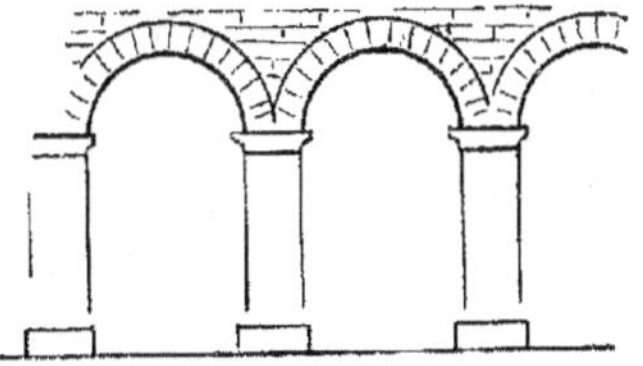

On employa successivement les
trois systèmes de la *colonnade architravée*, de l'*arcade sur piliers* et
de l'*arcade sur colonnes*. Le premier
a été utilisé, pendant la décadence
de l'art classique. On dut recourir

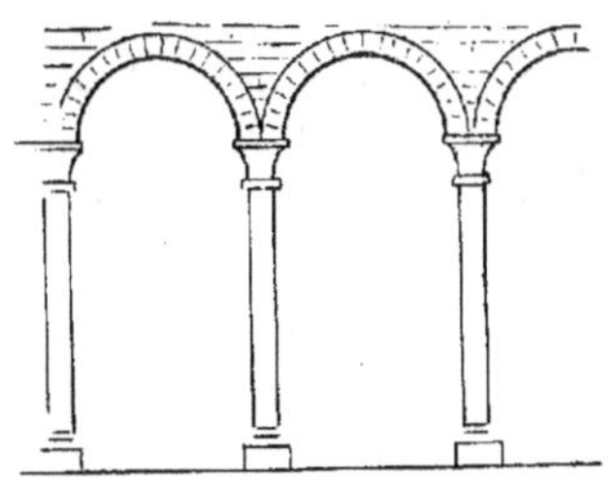

au second quand les colonnes vinrent à manquer, attendu que l'on
n'avait plus d'ouvriers capables de tailler des colonnes à l'instar
de celles des Romains. Enfin, un jour vint où l'on entreprit de
tailler des colonnes neuves, et le troisième système détrôna défini-
tivement les autres.

En somme, l'un des traits les plus remarquables de l'architecture
latine fut l'emploi d'arcs reposant sur des colonnes.

---

1. V. *Ann. de la Société d'archéologie de Bruxelles*, 1890, p. 207.

*Grands arcs de nefs.* — Non seulement les Latins relièrent les piliers par des arcades, mais ils jetèrent parfois encore d'une nef à l'autre, toutes les trois travées, de grands arcs au-dessus desquels ils élevèrent un mur pour porter la charpente (¹). Ces arcs font pressentir la division qui se fera plus tard de la grande nef en travées carrées, couvertes de coupoles ou de voûtes.

### III. — ÉVOLUTION DE LA BASILIQUE LATINE EN GAULE.

Sous les rois de la première race on assiste en Gaule à une transformation progressive de la basilique latine. Elle se produit sous l'impulsion puissante de l'organisation monacale due à saint Benoît et à son Ordre, et sous l'influence de la liturgie. Saint Benoît promulgua sa règle en 528 et vers la fin du VIIIe siècle elle était devenue générale dans tout l'empire de Charlemagne. Les moines bénédictins devinrent les défricheurs de toutes les contrées où ils s'établirent et les fondateurs de nombreux centres de civilisation.

L'unité catholique ne régna d'abord que dans les questions de dogme et de foi, et la liturgie fut dans le principe laissée à la discrétion des évêques : de là une grande variété dans le cérémonial et par suite dans le dispositif des temples, surtout en Gaule.

Toutefois les églises des époques successives reproduisent des types généraux qui se transforment d'une manière sensible et donnent lieu à une véritable évolution assez facile à suivre. Les modifications qui en résultèrent dans le plan et dans l'élévation des basiliques chrétiennes furent introduites entre le règne des derniers empereurs romains et l'avènement de la race carolingienne. On peut qualifier cette évolution de mérovingienne.

Nous devons prévenir le lecteur, que l'exposé que nous allons donner d'après divers auteurs, notamment d'après J. Quicherat, de la forme et des transformations de la basilique de la Gaule, s'appuie sur des conjectures et sur des textes, mais sur aucun monument original ; il ne reste plus actuellement une basilique latine entière debout ni en France ni dans les pays du Nord. De plus, les formes successives que nous indiquerons dans l'ordre rationnel de leur

1. Il en subsiste un exemple dans la basilique de Sainte-Praxède à Rome et, plus tard, à San Miniato de Florence ; en France le système reparaît à l'époque romane, notamment de Cerizy-le-Forêt.

développement ne se sont, en réalité, pas toujours suivies dans l'ordre chronologique (¹).

*Transept.* — Notons d'abord qu'une pièce transversale avait été quelquefois ajoutée aux antiques basiliques judiciaires, soit à l'entrée pour faciliter le dégagement, soit devant l'hémicycle pour éloigner le prétoire du bruit.

Rappelons ensuite les changements opérés en Italie. Parfois, dans les basiliques de Rome, le sanctuaire, outre l'abside, comprenait une ou deux travées de la nef ; ces travées étaient séparées par un degré et une grille au droit des chancels. On en vint à établir entre ces deux parties un mur percé d'arcades. L'arcade

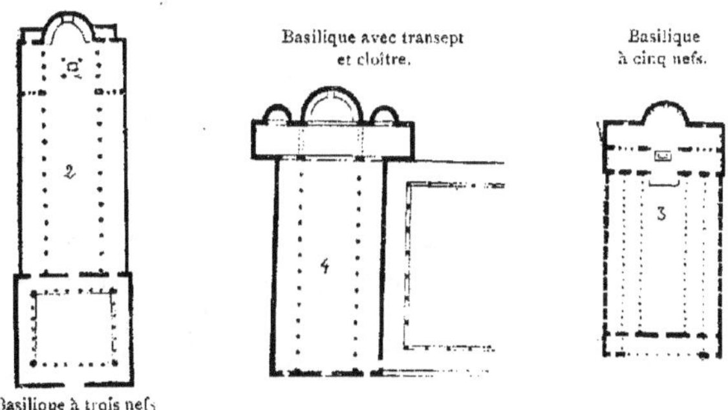


Plan de la basilique païenne appropriée au culte chrétien.

centrale s'appela *arcus maximus* ou *arc triomphal ;* les autres, *arcus minores.* L'autel se dressait entre le grand arc et l'abside. La partie transversale aux nefs prit bientôt de l'importance, et fut couverte par des combles portant sur des entraits perpendiculaires à ceux des nefs. De là naquit le *transept* des églises, qui sépara plus complètement le sanctuaire de l'espace occupé par les fidèles. Les basiliques paraissent avoir eu un transept dès le IVᵉ siècle.

Bientôt les *bras* du transept firent saillie sur les ailes et dessinèrent un *tau.* Une conséquence résulta du prolongement des bras du transept, et de l'établissement d'un *transept saillant :* ce fut l'usage

---

1. V. *Encyclopédie d'arch.,* t. I, p. 426.

de petites absides s'ouvrant sur le transept aux deux côtés de l'hémicycle central. Elles eurent sans doute à l'origine la destination de sacristies et d'offranderie *(oblatorium)*, mais on ne tarda pas à y placer des autels accessoires. Cette transformation était accomplie dès le V^e siècle.

*Triple abside.* — Dès la première moitié du VI^e siècle, il y eut des basiliques que l'on disait établies en trois membres, leurs trois parties, nef et bas-côtés, étant considérées comme autant d'églises, avec chacune leur patron particulier ([1]). Les absides latérales étaient plus petites que celle du milieu et s'appelaient *absidioles.*

*Tour lanterne.* — Il se fit tout d'abord en Gaule un changement important dans le transept. La croisée, qui était l'emplacement de l'autel, fut surmontée d'une tour, qui dominait le comble. La description d'une tour de ce genre se rencontre dans Fortunat, et Grégoire de Tours parle de la tour de la basilique de Narbonne, élevée vers l'an 500. Cet usage des tours centrales, devenu si général en Occident et encore en vigueur aujourd'hui, remonte, selon J. Quicherat, à la fin du V^e siècle.

Cette tour eut pour appuis des arcs bandés à travers le transept, dans les deux sens, savoir, l'*arc triomphal*, l'arc de l'entrée de l'abside et des arcs latéraux. Ceux-ci portèrent des murs qui divisèrent désormais le transept en trois parties, savoir la partie centrale, nommée *altarium* dans la liturgie et formant ce qu'on a appelé depuis en architecture *la croisée* du transept, et les deux autres nommées *croisillons* ([2]).

Cette *tour lanterne* est une innovation de la plus grande importance. Sa première origine, dit Ruprich-Robert, ne peut être latine, car les murs des premières basiliques latines, beaucoup trop faibles pour recevoir une construction quelconque, n'en avaient pas. Mais on trouvait une disposition analogue dans certaines basiliques de Constantinople, ainsi que dans l'église de Bethléem ([3]) et dans maintes églises de l'Asie-Mineure. Plusieurs auteurs, nous l'avons dit, notamment feu L. Courajod, estiment que la basilique des Gaules ne fut pas un produit exclusif de la tradition latine, mais qu'elle a

---

1. Quicherat, *Mélanges*, p. 409.
2. V. Quicherat, *Mélanges d'archéologie*, t. II, p. 45.
3. Id., *ibid.*, t. I, p. 408.

dû être influencée par l'art byzantin. L. Courajod admet avec
Albert Lenoir, Quicherat et M. de Voguë, que l'influence gréco-
orientale se fit sentir sur la basilique gauloise, et que c'est le point
de départ d'une allure nouvelle imprimée par la ligne verticale
à l'architecture française (¹).

Si nous considérons maintenant une
coupe verticale dans le sens longitudinal,
elle traversera désormais deux pans de
murs au transept; dans l'un s'ouvre l'abside,
dans l'autre, l'arc triomphal; entre les deux
se projette un des arcs latéraux soutenant
la tour, et derrière s'aperçoivent les fenêtres du fond du transept.

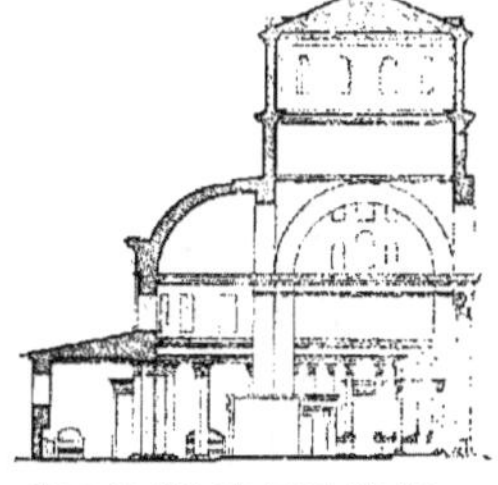
Coupe du chevet de la
basilique de Tours, d'après
J. Quicherat. (Tour lanterne.)

La tour, carrée, s'élève au-dessus de ces
arcs ; elle est percée de fenêtres sur ses
faces et couverte en pavillon, ou bien un amortissement la fait
passer de la forme carrée du transept à une section octogonale ou
ronde (²).

L'église de Bourse en Artois garde une abside et une tour
lanterne attribuées à l'époque carolingienne.

*Carole.* — Plus tard, pour recevoir la multitude des fidèles et
leur permettre de circuler autour du tombeau de saint qu'abritait
l'abside, on prit le parti d'établir une galerie ronde au pourtour de
l'abside et d'ajourer celle-ci par des arcades. Cette galerie, nommée *carole*, fut la continuation des bas-côtés des nefs, et forma un
*déambulatoire* auquel on avait accès au travers du transept.

A quelle époque apparut ce déambulatoire ?
C'est une question présentement controversée.
Un déambulatoire doit avoir existé à Saint-
Étienne de Vérone (Xᵉ), à la Couture du
Mans (995), à la cathédrale de Clermont.

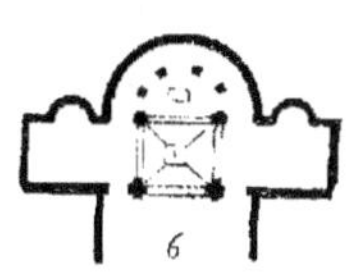

Selon M. Enlart (³), le déambulatoire n'est autre chose que l'application à la demi-rotonde des absides, de la disposition usitée dès le

---

1. V. A. Marignan, *Louis Courajod*, p. 93.
2. Un dessin exécuté au XIIᵉ siècle, d'après une église mérovingienne, nous représente la tour surmontée d'un campanile rond à trois étages en bois, éclairé de fenêtres
à chaque étage. V. A. Lenoir, *Architecture monacale*, t. I.
3. C. Enlart, *ouv. cité*, p. 47.

début de l'architecture chrétienne dans les rotondes à collatéraux (¹).

A la vérité, il est très douteux que le déambulatoire soit une particularité propre à la Gaule, ainsi que le croyait J. Quicherat. D'après M. J.-B. de Rossi la basilique de Sainte-Marie Majeure, fondée vers 360 et renouvelée de 432 à 440, celle de Saint-Georges construite à Naples vers 400 et celle de Saint-Jacques le Majeur de la même ville, datant du VIe siècle, offraient un déambulatoire autour de l'abside ; leurs arcades reposaient sur des colonnes (²).

Quoi qu'il en soit, l'existence du collatéral sera désormais un trait caractéristique de beaucoup d'églises d'Occident, et tout particulièrement des Gaules.

Jusqu'ici les basiliques avaient présenté ce caractère presque exclusif, de ne permettre aucune circulation possible autour de l'abside ni, par suite, à l'intérieur du vaisseau. Un déambulatoire n'entre pas généralement dans la conception de la basilique romaine, non plus que dans celle de la basilique germanique (³).

---

1. La discussion s'est concentrée autour des vestiges récemment fouillés de la basilique de Saint-Martin à Tours.

J. Quicherat (¹) avait admis que le déambulatoire existait dans la basilique primitive, élevée au Ve siècle par saint Perpet. M. Ratel (²) et Mgr Chevalier (³) croient pouvoir l'affirmer après lui, selon l'étude qu'ils ont faite des fondements des nombreuses basiliques qui se sont superposées sur le même fondement.

M. R. de Lasteyrie (⁴) conteste leurs conclusions et prétend que l'abside de Tours comportant non seulement une galerie collatérale au chœur, mais encore cinq absidioles percées dans les murs extérieurs de celle-ci, ne saurait remonter plus haut que l'époque carolingienne.

Cependant Mgr Chevalier, dans un mémoire qu'a publié *L'ami des monuments* (⁵), maintient que les caroles, et même les absidioles du chevet remonteraient au Ve siècle.

Du reste beaucoup d'églises latines étaient dépourvues de caroles, lesquelles étaient surtout motivées dans des centres de pèlerinages ayant pour but la visite d'un tombeau d'un saint très vénéré, inhumé.

---

1. *Mélanges archéologiques*, par J. Quicherat, voir *Revue de l'Art chrétien*, 1892, p. 156.
2. *La basilique de St-Martin à Tours*, par M. Ratel (ma bibl.),
3. *Les fouilles de St-Martin de Tours*, par Mgr Chevalier, Tour. Péricat, 1888.
4. *Académie des Inscriptions et Belles-Lettres*, séance du 6 février 1891. *Mém.*, t. XXXIV, 1e partie. *L'église de St-Martin de Tours*, par R. de Lasteyrie, Paris, Klincksieck, 1891.
5. V. les trois livraisons de 1892, p. 202.

2. G. B. de Rossi, *Musaici cristiani delle chiese de Roma*, Rome, Spithover, 1882. Texte italien avec traduction française.
— *Bull. di archeol. cristiana*, 1881-1882.
— *L'abside di S. Giorgo Maggiore in Napoli*, Naples, Giannini, 1881.
*L'ami des monuments*, 1892, n. 32, p. 201.

3. D. Cattois, *Revue gén. de l'architecture et des travaux publics*, 1876, p. 50.

*Absidioles rayonnantes du chevet.* — Il ne paraît pas probable que la basilique de Saint-Martin à Tours ait eu cinq absidioles à son déambulatoire avant l'époque romane ; mais pareilles absides paraissent avoir existé au Mans, à Clermont, à Vérone, dès le X^e siècle.

*Chœur.* — Dans le but de multiplier les autels au-dessus des corps saints, un espace fut interposé, nous l'avons vu, entre la croisée du transept et l'abside, désormais éclairée par des fenêtres. Ainsi se produisit l'introduction du *chœur.* Il donna place non seulement à trois ou à plusieurs autels, mais encore à un nombreux clergé auquel n'avait pu suffire le *presbyterium* de la basilique primitive. Le clergé prit place sur les côtés du sanctuaire augmenté du chœur, et l'on admit même dans cette partie l'ancien *chorus psalterium ;* ce sont même les chantres qui donnèrent son nom à cet emplacement. Le chœur *(chorus)* est cité pour la première fois dans la chronique de Saint-Riquier à propos d'une église construite à la fin du VIII^e siècle par Angilbert. Au IX^e siècle la présence du chœur dans les églises est à peu 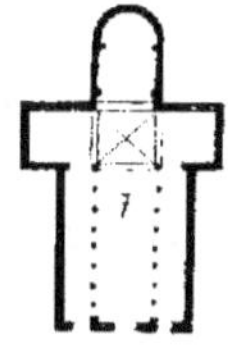 près constante. Le chœur donne un développement appréciable de la branche supérieure de la croix que dessine en plan l'édifice, et l'on voit la forme du *tau* faire place à celle de la *croix latine.*

*Contre-abside.* — Jusqu'ici la façade était percée de trois portes et surmontée d'un fronton. Dès la fin de la période mérovingienne et sous la dynastie suivante, on rencontre parfois deux portes latérales et au milieu une *contre-abside,* qui n'empêche pas l'atrium de se maintenir devant la façade occidentale. A l'abbaye de Saint-Gall la basilique avait ainsi une abside à l'Ouest, et l'atrium, d'après les vieux plans qu'on conserve, entoure celle-ci ; le narthex même la contourne. Plusieurs églises romanes gardent des vestiges de cette curieuse disposition (¹).

Nous reviendrons en traitant de l'architecture romane sur ce double chœur, qui peut avoir eu parfois pour raison de séparer les offices canoniaux de ceux des fidèles (²).

*Double transept.* — L'abside étant doublée, le transept le fut

---

1. V. *Annales de la Société archéologique de Bruxelles,* 1890, p. 270 et suiv.
2. V. *Annales archéologiques de Didron,* t. IV, p. 240.

parfois aussi, comme dans maintes églises romanes ainsi qu'à l'abbaye de Saint-Riquier, bâtie sous Charlemagne. Quelquefois même, pour assimiler la partie occidentale à la partie orientale, on a également élevé une tour sur la croisée du second transept.

Nous sommes parvenus au VIII<sup>e</sup> siècle. A cette époque toute distinction a disparu dans l'église entre les catéchumènes, les pénitents et les fidèles. L'assistance a envahi la grande nef. Les deux sexes occupent encore deux places distinctes, les hommes le côté de l'évangile, les femmes le côté de l'épître ; ils ne sont plus séparés que par une allée centrale offrant un passage pour le clergé.

---

La plupart de ces transformations se trouvaient accomplies à l'époque de Charlemagne, de sorte que l'on trouvait, dès l'époque mérovingienne, les dispositions diverses que voici :

1° des basiliques de la forme de la *basilique civile antique.*
2°     »      avec *arc triomphal.*
3°     »      avec *transept sans saillie.*
4°     »      avec *transept saillant.*
5°     »      avec *absidioles.*
6°     »      avec *tour sur la croisée.*
7°     »      avec *carole.*
8°     »      avec *double abside.*
9°     »      avec *double abside* et *double transept.*
10°     »      en *croix latine,* avec *chœur.*

*Voûtement du chœur et des bras du transept.* — Le mode latin offrait un inconvénient grave. En cas d'incendie l'église entière pouvait périr en quelques instants ; si le feu atteignait les poutres du comble, leur effondrement entraînait l'écroulement des murs. Or, rien n'était plus fréquent alors, que les incendies accidentels, sans compter ceux qu'allumèrent les invasions normandes.

Mais le pays une fois délivré de ces invasions, on songea à faire cesser le *péril des églises* surtout au-dessus du sanctuaire. Certains textes indiquent que la plupart des églises construites après les incursions barbares furent voûtées au moins au-dessus des autels principaux. Le chœur, encore peu élevé, fut généralement voûté, et souvent aussi le transept. Il était relativement facile d'assurer la stabilité des voûtes sur cette partie, dont les murs étaient soutenus latéralement par les petites nefs et les bas-côtés du chœur.

Mais les architectes, après avoir voûté le chœur et parfois le transept, échouèrent dans l'œuvre colossale du voûtement des nefs et de l'église dans toute son étendue. Ils ne savaient comment s'y prendre à cause de la grande hauteur des murs.

Les traditions de l'antiquité ne leur apprenaient rien à cet égard, si ce n'est que les Romains s'étaient gardés de voûter leurs nefs posées sur des colonnades très hautes, et percées latéralement de jours. Cependant ils firent de sérieux efforts dans ce but. De tous côtés à la fois, à partir du règne de Louis le Débonnaire (✠ 840), on vit des églises construites dans un mode nouveau d'architecture, dû à la préoccupation de couvrir de pierre l'édifice tout entier. Mais on ne parvint pas à tenir longtemps debout les églises construites alors (¹).

*Vie monastique.* — Les premiers monastères furent fondés vers 357 par saint Basile, évêque de Césarée. Au commencement du VIᵉ siècle, saint Benoît composa la règle des moines occidentaux et fonda au Mont-Cassin le prototype des abbayes. La distribution des parties essentielles, telle que la montre le plan de l'abbaye de Saint-Gall, est restée celle de toutes les abbayes du moyen âge.

Les bâtiments claustraux que saint Benoît et ses disciples élevèrent en Italie au Vᵉ siècle, étaient construits sur le modèle des maisons romaines et présentaient comme ces dernières, au dehors, des murs aveugles, et à l'intérieur, un *atrium* sans doute plus vaste que celui des maisons, mais bordé également de portiques sur lesquels s'ouvraient les demeures des moines; sur un des côtés du carré s'élevait l'église.

Ce mode de construction est devenu le type commun de tous les locaux conventuels élevés depuis. L'église occupe, en Italie, le côté méridional du carré, dans nos pays le côté septentrional, de manière à abriter le cloître d'une part contre les ardeurs du soleil, d'autre part contre les frimas du Nord.

---

1. V. J. Quicherat, cours manuscrit, et *Mélanges d'archéologie*, p. 123.

Durant la période qui s'étend du VIe au IXe siècle, il n'était pas facile aux moines de pourvoir à leurs besoins. On rencontrait peu de grands marchés et peu d'ouvriers. Toutes les ressources durent être concentrées dans les couvents, qui possédèrent par suite ateliers, greniers, étables, écuries, logements pour serfs, etc.

En outre tous les monastères fondés par les premiers rois de la seconde race devaient l'hébergement aux envoyés royaux, qui arrivaient avec grand cortège de serviteurs et de chevaux, de chars, etc. Ils devaient aussi, en vertu de leurs règles, le gîte aux pèlerins.

Pour tous ces services, il fallait un nombreux personnel. De ces différentes circonstances résultèrent des changements nouveaux dans la construction monastique, et par suite aussi dans la basilique séculière.

*Cloîtres chapitraux.* — Chrodegand, évêque de Metz (763), astreignit le clergé des cathédrales à une véritable règle monastique et institua les communautés de *chanoines*, menant une vie commune près de l'église.

Les chanoines élevèrent leur demeure en bordure d'un cloître, aux côtés des collégiales. A l'instar des religieux, ils réunirent dans le même enclos leurs fournisseurs et leurs services matériels, si bien que les cathédrales de l'époque furent accompagnées de bâtiments pareils à de véritables monastères de moines.

*Déplacement de l'atrium.* — Une des premières conséquences de cet état de choses fut le déplacement de l'*atrium*, qui, dès lors, ne servit plus au public, mais seulement aux religieux.

Devant la façade principale, à la place ancienne de l'atrium de la basilique, on maintint un espace plus petit servant de *cimetière* et qui, dans bien des lieux, est encore aujourd'hui nommé l'*âtre* par le peuple, tandis que le véritable atrium est transporté au flanc de la basilique et devient le cloître.

Le cloître forme une sorte de péristyle carré. D'un côté il est bordé par la *salle capitulaire ;* de l'autre, par le *réfectoire ;* du troisième côté, par les *celliers* ; les *dortoirs* sont établis à l'étage.

Les approvisionnements et dépendances étaient placés dans des édifices annexes en dehors du cloître. L'évêque ou l'abbé, dispensé de la vie commune, occupait un quartier séparé, accompagné des appartements destinés à loger les hôtes et les pèlerins. Ces dernières habitations étaient elles-mêmes souvent disposées autour d'un autre *quadriportique*.

*Tours et clochers.* — A partir du Ve siècle on avait, en Italie, flanqué le corps de quelques basiliques d'une ou de deux tours, témoin une basilique représentée dans un panneau de la porte de Sainte-Sabine ([1]). Mais une innovation de l'époque carolingienne fut l'introduction de *clochers*, lorsqu'on commença à se servir de grosses cloches.

Les chrétiens usèrent d'abord de *clochettes (nola)*, provenant de la ville de Nola en Campanie, d'où le nom de *campane* donné aux cloches et de campanile aux tours. Dès le VIe siècle ils avaient augmenté les dimensions de leurs cloches ; bientôt, dès le règne de Pepin le Bref, elles furent faites non plus en fer battu mais en bronze fondu. On les plaça d'abord dans une arcade ou plusieurs au-dessus de la façade, comme on le voit encore dans bien des églises romanes du Midi (disposition dite en *peigne*), mais bientôt, à cause de leur grand volume, on dut les pendre dans des tours.

Les clochers les plus anciens sont ceux de Vérone, de Saint-Vital et de Saint-Apollinaire *in Classe* à Ravenne, de Saint-Laurent de Milan ([2]). En Gaule on éleva d'abord des petites tours rondes, comme on en voit dans les vues conservées de Saint-Gall (820) et de Saint-Riquier ; elles firent bientôt place à des tours carrées.

L'emplacement du clocher était variable. Souvent élevé à l'écart, il était parfois aussi contigu à l'église et plus tard il fut adhérent à ses murs ; souvent il s'élevait à la façade ou dans l'encoignure du transept.

## IV. — ÉPOQUE MÉROVINGIENNE.

Après la bataille de Tolbiac (496), Clovis fonde la dynastie mérovingienne et assure une nouvelle prospérité au culte chrétien. Les églises s'élèvent nombreuses et riches. Les constructions faites par saint Firmin (✠ 553) en Provence passaient pour merveilleuses aux yeux des écrivains du IXe siècle ; son église de Saint-Julien, Saint-André et Saint-Jean-Baptiste était bâtie, selon l'expression du temps, « *opere miro...* » ([3]). Malheureusement presque rien ne reste

---

1. V. Peraté, *ouv. cité*, p. 175.
2. V. Dartein, *Étude de l'architecture lombarde*, t. I, p. 46.
3. V. L. Rochetin, *Les premiers siècles du christianisme à Uzès*, p. 254. *Mémoires de l'Académie de Vaucluse*, 1898, p. 209.

debout de ces constructions dont beaucoup étaient en bois et qui furent plus tard la proie des Barbares.

On range parmi les vestiges mérovingiens l'abside de la cathédrale de Vaison, les murs latéraux de Saint-Pierre de Vienne et de Saint-Servais de Maestricht, une partie de l'église de Courcôme, une portion du transept de Saint-Philibert de Grandlieu, quelques substructions de la cathédrale de Chartres et l'église de Vertou, ainsi que des vestiges d'une basilique relevés sous l'église Saint-Similien de Nantes ; ajoutons, avec M. L. Maître ([1]), la tour de Saint-Restitut à Saint-Paul-Trois-Châteaux. Le Père de la Croix a retrouvé une absidiole de la cathédrale mérovingienne de Poitiers et les vestiges d'une basilique mérovingienne, la basilique latine de Saint-Maur de Glanfeuil. Odon de Glanfeuil, abbé de Saint-Maur, dans une chronique écrite au VIe siècle, indique d'une manière précise l'existence de quatre oratoires dans l'abbaye dédiée en 1036. D'après son texte, le Père de la Croix a été assez heureux d'en retrouver les substructions assises sur celles d'une villa romaine. Nous avons ici un spécimen du genre, très petit, il est vrai (il mesure à peine douze mètres sur sept mètres hors œuvre).

*Catacombes.* — La Gaule a possédé quelques constructions souterraines que le temps a en partie épargnées. Il faut signaler surtout les souterrains existant dans le sol où s'est élevée l'église de Saint-Victor de Marseille, et qui constituent de véritables catacombes ; ils semblent remonter au IVe siècle ([2]) et rappellent en petit les catacombes de Rome.

Paris eut aussi ses catacombes ([3]), ainsi que quelques autres villes de la Gaule et de l'Afrique.

*Cryptes.*— Des cryptes accompagnaient maintes basiliques latines à partir du VIe siècle. Saint Grégoire en cite jusque onze dans son *Livre des miracles.*

---

1. V. *Revue de l'Art chrétien*, livr. de juillet 1906.

2. V. L. Maître, *Les Catacombes de la Gaule chrétienne* (*Revue de l'Art chrétien*, 1902, p. 278.)

V. le P. de la Croix, *Fouilles archéologiques de l'abbaye de Saint-Maur de Glanfeuil.* Paris, Picard, 1899. — V. L. Courajod. *Les Leçons professées au Louvre*, p. 491. (Paris, Picard, 1899.)

3. V. *Revue de l'Art chrétien*, année 1902, p. 288.

L'autel majeur était établi au-dessus du tombeau des martyrs ou
de *la confession*, ou bien il s'y trouvait adossé. On plaça souvent
le tombeau dans une excavation ou crypte, à laquelle on accédait

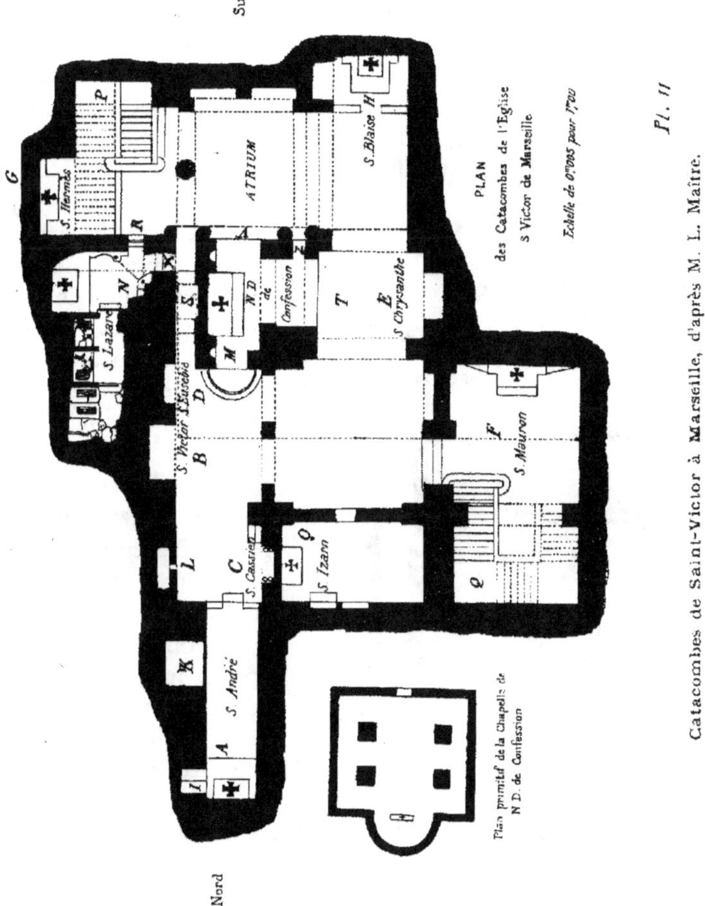


par un double escalier ; les fidèles défilaient autour du sarcophage
descendant par l'un des escaliers, remontant par l'autre ; ils contem-
plaient le tombeau à travers des fénestrelles *(fenestella)* percées
dans les murs de la confession.

Une des plus anciennes cryptes de France est celle de Jouarre ([1]);
la chapelle de Saint-Paul paraît dater du VIe siècle; elle est couverte
d'une voûte d'arêtes romaine portée par des chapiteaux corinthiens.

M. L. Maître considère la petite crypte de Saint-Andoche à
Saulieu comme antérieure même à l'époque mérovingienne ([2]) Il
attribue au IVe siècle la crypte de Saint-Pothin à Lyon, qui était
en croix grecque à trois absidioles en trèfle ([3]). M. l'abbé Schmeitz
attribue au IVe siècle la crypte orientale de Saint-Servais de Maestricht, tandis que celle de l'Ouest serait l'œuvre d'Éginhard. La
crypte de Saint-Léger et Saint-Maixent date de 648 ([4]).

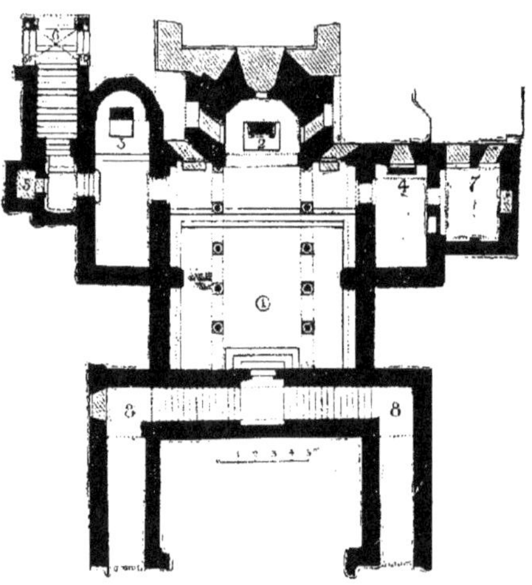

Plan de la crypte de Saint-Irénée à Lyon.

Citons encore les cryp-
tes de Saint-Euchaire à
l'église de Saint-Mathias
de Trèves, de Saint-Mar-
tial à Limoges, de Saint-
Mellon à Rouen, de Saint-
Julien au Mans; celles de
Sainte-Radegonde à Poi-
tiers, de Saint-Germain,
de Saint-Fort et de Saint-
Seurin à Bordeaux, de
Saint-Irénée et de Sainte-
Blandine à Lyon sont fort
anciennes, au moins an-
térieures à l'an mille. La
partie inférieure de cette
dernière ([5]) paraît garder
maint élément primitif.

Une des cryptes les plus remarquables par leur antiquité et par
la disposition est celle de Saint-Seurin de Bordeaux ([6]), objet
d'une étude approfondie de la part de M. Maître, qui y a reconnu

<hr>

1. V. Gailhabaud, *L'architecture du Ve siècle*, t. I. — V. Lechevalier Chevignard, *Le
style français*, Paris, Lecomte, 1893. V. Rethoré, *Les cryptes de Jouarre*, 1862.
2. V. *Revue de l'Art chrétien*, année 1904, p. 284.
3. *Ibid.*, année 1902, p. 451.
4. V. J. Berthelé, *Recherches sur l'art en Poitou*, pp. 1 à 20 et *Revue poitevine et
saintongeaise*, 1893, p. 108.
5. V. *Revue de l'Art chrétien*, 1903, p. 96 et suiv.
6. V. Maître, *Revue de l'Art chrétien*, 1903, p. 459.

un monument mérovingien soudé à une abside gallo-romaine. Elle offre des dispositions typiques, un double escalier latéral, une triple abside profonde, avec, au milieu, la Confession ou cénotaphe de Saint-Fort. Nous en donnons le plan d'après M. L. Maître.

La crypte de Saint-Ursmer à Lobbes, établie au VIIIe siècle, a des colonnes et des voûtes plus récentes.

*Sanctuaires trifoliés.* — De Rossi a signalé en Italie des basiliques trichores, c'est-à-dire dont le chevet offre en plan une forme *trifoliée* ([1]).

Une série de petits monuments mérovingiens, offrant un plan analogue, semblent étrangers à la forme basilicale et inspirés plutôt de la forme syrienne. Tels sont, notamment, le baptistère de Poitiers et l'hypogée des Dunes découvert dans cette ville par le Père de la Croix ([2]), la crypte de Saint-Laurent de Grenoble, la crypte de Saint-Léger à Saint-Maixent (684) et celle de Saint-Pothin ([3]) à Saint-Nizier de Lyon. Ces édifices d'allure byzantine, au plan en croix grecque et à trois absidioles, ressemblent aux sanctuaires trifoliés des catacombes.

La prétendue crypte de Saint-Laurent de Grenoble ([4]) pourrait avoir été primitivement un oratoire isolé, non enterré; elle a une voûte en berceau et trois absides en trèfle. Son plan est identique à celui des chapelles de Saint-Sixte et de Saint-Soter aux catacombes (VIe siècle). Feu Courajod ([5]) a signalé sa ressemblance avec la chapelle de Valpolicella près de Vérone. Elle offre des voûtes d'arêtes à la romaine, petites et rudimentaires. A en juger par la décoration des chapiteaux, M. Raymond ([6]) l'attribue au VIe siècle. Ses quatre absides, ses vingt colonnes, son double étage de colonnettes aux côtés des absides terminales, la déco-

---

1. Il en existe encore deux petites à Rome, sur l'aire du cimetière de Callixte, datant du milieu du VIIe siècle. Telles sont les chapelles à absides trifoliées de Saint-Sixte et de Saint-Soter (VIe siècle), ainsi que celle de Sainte-Symphorose à Rome, et celle de Saint-Satyre à Milan auxquelles on peut ajouter celles d'Algérie et de Tunisie signalées par M. Gsell. (V. de Rossi, *Roma sotterranea*, III, pp. 457-472.)

2. *Antiquaires de France*, décembre 1884.

3. V. W. J. Berthelé, *Recherches sur les arts en Poitou*, pp. 1 à 20. — *Revue poitevine et saintongeaise*, 1892, p. 108.

4. M. Reymond, *La chapelle de Saint-Laurent à Grenoble*. Paris, 1896.

5. V. A. Marignan, *Louis Courajod*, p. 93.

6. V. MM. Raymond et Géraud, *Comité des travaux historiques*, *Bulletin archéologique*, année 1893, 1er numéro.

ration de ses puissants abaques, sont très remarquables. Elle peut passer pour le type le plus beau et le mieux conservé de ce genre d'édifice que rappelleront plus tard la chapelle de Saint-Honorat dans l'île de Lerins, celle de Munster dans le Grisons (VIIIᵉ siècle), plus tard encore l'église de Germiny-les-Prés, la chapelle de Sainte-

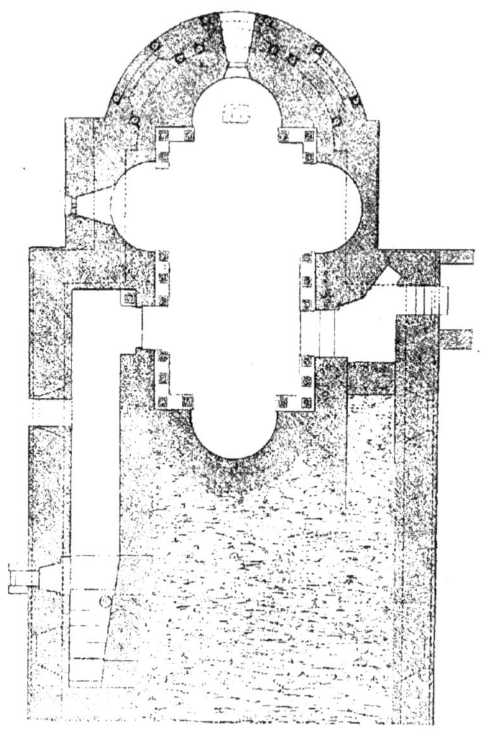

Grenoble.    Plan de la chapelle souterraine de Saint-Laurent.

Croix de Montmajour, Saint-Germain de Querqueville et Saint-Martin de Landon (Hérault) (¹).

1. On trouve aussi quelques édifices analogues en Afrique et en Espagne (tel Saint-Nicolas de Gironde), qui semblent continuer la tradition à l'époque romane. Il ne paraît pas impossible que cette tradition n'ait pas déterminé les chevets trifoliés de groupes dont les grandes églises de Tournai furent le centre. (V. *Revue de l'Art chrétien*, 1902, p. 345.)

*Rotondes.* — Les constructions circulaires ou polygonales conviennent aux baptistères et aux mausolées. Cette forme a été exceptionnellement employée pour les églises.

La tradition en subsistait dans la basilique à dix pans de Saint-Jean-Baptiste de Worms, construite par l'archevêque Burkard Ier (1000-1025) et détruite par les Français en 1808 ([1]).

*Baptistères.* — Le spécimen le plus remarquable de l'époque mérovingienne en Occident est assurément le baptistère de Saint-Jean de Poitiers. Cette construction, qui remonte au IVe siècle, a été étudiée de manière approfondie par le Père de la Croix. Nous reproduisons la restitution du plan qu'il a récemment donnée ([2]). On a disputé beaucoup sur sa destination originelle.

Ce n'était pas un temple, car l'édifice, caché au public par ses annexes, était dénué d'autel et muni d'une piscine. Était-ce le mausolée de Claudia-Varenilla ? La remarquable épitaphe du musée poitevin paraît antérieure à l'édifice, où il n'y avait pas place pour un mausolée, pas plus que pour un autel, vu la présence de la piscine centrale. La présence de celle-ci doit faire supposer un baptistère; et de fait, toute l'ordonnance du monument se rapporte à cette affectation; elle réalise parfaitement tout le programme liturgique du baptême par immersion, tel qu'il se pratiquait à l'époque de son édification.

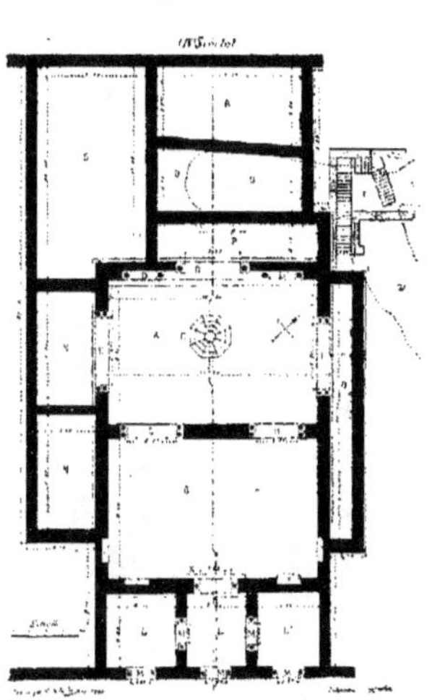
Plan du baptistère de Saint-Jean
à Poitiers (IVe siècle).
Restitution du R. P. de la Croix.

Cette époque ne peut être antérieure à l'édit de Milan (310) : l'édifice est fait entièrement de matériaux de remploi antérieurs au IVe siècle ; il est visible que ses constructeurs étaient des chrétiens pressés de jouir de la liberté dont ils venaient d'être investis. Le

1. V. F. J. Jacq. Schmitt, dans le *Repertorium für Kunstwissenschaft*, fasc. 3, 1903.
2. R. P. C. de la Croix, *Étude sommaire du baptistère de Saint-Jean de Poitiers*. In-8°, 66 pp. Poitiers, Blois 1903. — E. Espérandieu, *Notice sur le baptistère de Saint-Jean de Poitiers*. Poitiers Druinaut, 1890.

savant Père Jésuite pense que le baptême par immersion aurait été remplacé par celui à infusion vers la fin du VIIe siècle, époque des aménagements mérovingiens, suivis des remaniements carlovingiens et de nouveaux aménagements nombreux au cours du siècle suivant. La piscine était précédée d'un porche flanqué de deux chambres. Du porche on pénétrait dans le narthex, qui communiquait avec la salle des fonts. Les néophytes se déshabillaient dans les chambres et revêtaient une robe blanche ; les gens riches laissaient à l'église leurs vêtements, qu'on conservait dans les vestiaires.

Nous donnons plus loin (époque carolingienne) le plan actuel ; on y remarquera les trois absides ajoutées au VIIe siècle.

C'est à l'époque mérovingienne qu'il faut attribuer le curieux baptistère de Venasque (Vaucluse), au plan quatrifolié ([1]). Ses quatre absides ressemblent à celles de la cathédrale de Vaison. Il a été construit quand les évêques de Carpentras ont établi leur résidence sur les hauteurs fortifiées où se dresse l'église actuelle de Vaison. Il date probablement du commencement du VIIe siècle ; il a été réparé au XIIIe. Il est remarquable par sa décoration intérieure faite de la dépouille d'édifices anciens, et par l'ordonnance de ses quatre hémicycles accolés à un quadrilatère irrégulier.

*Appareils de l'époque mérovingienne* ([2]). — Les murs sont ordinairement construits en maçonnerie mixte ; entre des parements faits en *petit appareil régulier* (8 à 15 $^{cs}$), le noyau est formé de moellons noyés dans le mortier *(opus emplectum)*. Souvent des assises de briques règnent de hauteur en hauteur, interrompant la maçonnerie en pierre, et dans les arcades, des claveaux en pierre alternent régulièrement, comme chez les Romains, avec des briques de grande dimension ([3]).

Plus rarement apparaît l'*opus incertum*, alternant également avec des chaînes de briques ([4]). Parfois cependant on imitait le grand appareil romain, dont on avait des exemples sous les yeux.

---

1. V. Labande, *Bulletin archéologique du Comité des travaux historiques*, 1904, 2e liv. — V. M. Labande. *Le baptistère de Venasque*. Paris, Comp. nat. 1905. V. *Comité des travaux historiques, Bulletin archéologique*, 2e liv. 1904.

2. V. de Caumont, *Abécédaire d'archéologie religieuse*, p. 11. — V. Viollet-le-Duc, *Dictionnaire d'architecture*, t. III, p. 3.

3. de Laplace, *Annales des Antiquaires de la Morinie*, 1844-46, p. 24.

4. Appareil mérovingien, V. Viollet-le-Duc, *Dictionnaire*, t. III, p. 3. — de Caumont, *Archéologie religieuse*, p. 95-97.

Le style mérovingien est caractérisé par des pierres travaillées par stries au tranchant, en chevrons, sans ciselures aux arêtes (¹).

Ce qui frappe dans les très anciennes constructions comme celles de Jouarre, de Saint-Laurent de Grenoble, de Saint-Étienne d'Auxerre, de Saint-Séverin de Bordeaux, c'est une certaine recherche de l'effet, qui se traduit notamment par l'emploi de la colonne à chapiteaux (²).

## V. — ÉPOQUE CARLOVINGIENNE.

Charlemagne et ses successeurs s'appliquèrent à relever les ruines dont les Sarrasins avaient couvert le sol de l'Occident. Un essor considérable fut donné à l'organisation publique. On lit dans les *Capitulaires* de nombreuses ordonnances relatives à la reconstruction des édifices religieux. L'entourage de l'empereur, ses agents (les *Missi dominici*), prirent une grande part aux constructions nouvelles. Alcuin s'était occupé de la construction de Saint-Pierre d'York, consacrée en 780 ; Angesis dirigea les travaux du premier monastère d'Aix-la-Chapelle, et nommé plus tard abbé de Saint-Wandrille (823-833), il érigea d'importantes bâtisses dans cette maison religieuse ; enfin Eginhard, l'un des plus jeunes dans l'entourage de Charlemagne, fut souvent employé dans la haute direction des édifices que faisait élever l'empereur (³). Des parties des cathédrales d'Avignon, de Sisteron, de celles d'Arles, d'Aix, de Carpentras, d'Apt, des églises de Saint-Quentin de Vaison, de Pernes (⁴), de Fours près d'Avignon (⁵), remontent en partie à l'époque qui s'étend de Charlemagne à Hugues Capet.

A cette époque, à côté de monuments inspirés de l'art byzantin, qui sont dus à Charlemagne et dont nous parlerons plus loin dans le chapitre consacré de l'*Art byzantin*, il s'était formé un art d'architecture néo-latin, né des procédés de la maçonnerie gallo-romaine et de l'imitation des bâtisses romaines, n'innovant qu'au sujet de l'arcade, dont on outrepassa la formule normale en lui donnant le tracé en fer à cheval.

---

1. V. *Antiquaires de France, Bull.*, 1899, p. 368.
2. V. J. B. Brutails, *Bulletin monumental*, 1898, p. 320.
3. J. Helbig dans E. Reusens, *Éléments d'archéologie chrétienne*, t. I, p. 567.
4. Revoil, *Architecture romane du Midi de la France*.
5. *Revue de l'Art chrétien*, 1884, p. 441.

Ce style nous est transmis dans la basse-œuvre de Beauvais, dans la nef de Saint-Philibert de Grandlieu ([1]), dans celles de Vertou (Loire inférieure) et de Germiny-les-Prés, peut-être dans celle de Saint-Pierre de Vienne en Isère, etc. ([2]). C'étaient des basiliques sans colonnes, ayant pour supports des piliers carrés, aux bas-côtés voûtés d'arêtes, à la grande nef couverte en charpente. Les piliers n'ont ordinairement pour couronnement qu'une imposte faisant saillie seulement de deux côtés, les côtés des retombées de sarcades.

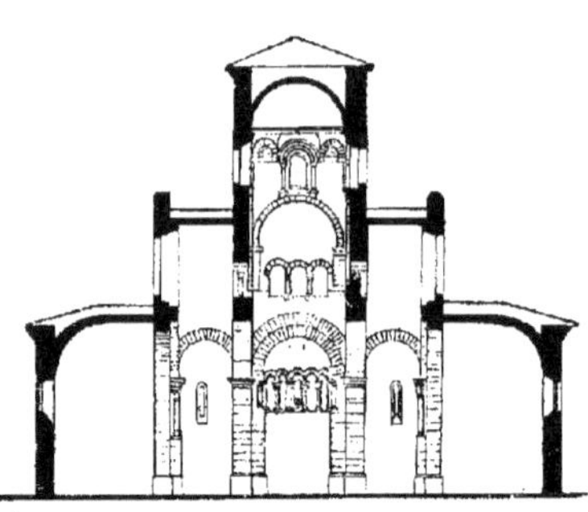

Église de Germiny-les-Prés. — Coupe.

Sans doute les édifices dus à l'initiative directe de Charlemagne furent élevés sous l'inspiration d'artistes Grecs. Mais la rotonde mise en honneur par eux ne pouvait servir convenablement aux églises. On s'en tint généralement à la forme basilicale. Ce ne fut désormais plus celle de la basilique latine sur colonnes ; on reprit les formes plus massives des constructions romaines, où l'on pressent déjà l'intention de voûter la nef centrale.

Ainsi aux basiliques mérovingiennes des VIIIe et IXe siècles, relativement légères, dont les Normands n'avaient fait qu'un feu de joie et dont les vestiges nous sont conservés dans des ruines de l'abbaye de Lorsch

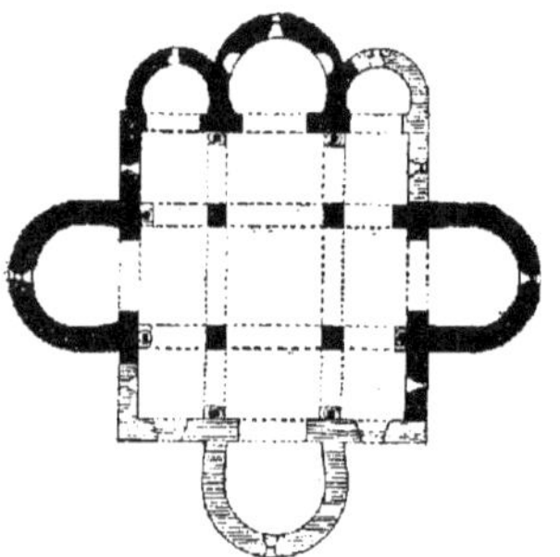

Église de Germiny-les-Prés.
Plan.

(776) ([3]), peut-être à Saint-Martin d'Angers ([4]) ainsi que dans

---

1. *Revue de l'Art chrétien*, 1896, p. 316.

2. *Ibid.*, janvier 1906.

3. V. Gailhabaud, *Monuments anciens et modernes*, t. II.

4. Saint-Martin fut fondé en 818, mais peut avoir été reconstruit en grande partie au commencement du XIe siècle.

les dessins, datant du X<sup>e</sup> siècle, de l'abbaye de Saint-Riquier (¹), à ces basiliques encore latines, succédèrent des constructions plus lourdes et plus solides, d'allure moins ecclésiastique et plutôt galloromaine, mais qui ne firent pas école (²).

L'abbaye de Saint-Gall en Suisse, dont le plan à terre, dessiné vers 830 peut-être par Éginhard lui-même, est conservé dans les archives de l'abbaye(³), peut être regardée, selon Quicherat, comme le prototype de la construction carlovingienne. Cette espèce de construction comportait plusieurs éléments empruntés aux procédés romains (⁴). Du reste Éginhard, surintendant des constructions de Charlemagne, avait étudié Vitruve, comme le prouvent ses lettres (⁵).

Cette époque, toute de transition, n'a guère laissé d'œuvre architecturale considérable, à part la chapelle palatine d'Aix et ses dérivées, que nous étudierons dans le chapitre de l'*Art byzantin*. Les édifices en bois abondaient alors, et l'architecture maçonnée subissait l'influence de la charpenterie. Des influences nombreuses, orientales, lombardes, franques, préparaient la formation prochaine de l'architecture romane.

Le plan *trichore* se maintient à l'église de Gourgé, à celle de Saint-Honorat, à la chapelle de Saint-Étienne de Werden, trifoliée, bâtie vers l'an 800 par saint Ludger. Nous reviendrons plus loin sur le plan en rotonde d'influence purement byzantine.

Le plan basilical subsiste, mais les dispositions ramassées et arrondies sont fréquentes sous l'action de cette influence : témoin l'église de Germiny-les-Prés en Loiret (⁶), avec ses trois absides rangées à l'Est, ses deux absides ouvertes dans l'axe transversal avec des embryons de transept, auxquelles s'ajoutait autrefois une abside occidentale. Le tout, greffé sur un carré autour d'une tour

---

1. Voir le plan dans la *Revue générale de l'architecture*, t. IX (1856), et de Enlart, *Traité d'archéologie française*, t. I.

2. Dans les premières années du X<sup>e</sup> siècle on construisait dans le même style la basilique de Lobbes, une des plus importantes de la Gaule

3. V. J. Quicherat, *Mélanges d'archéologie et d'histoire*, t. II, p. 116.

4. L. Courajod, *Leçon du Louvre*, du 14 décembre 1892.

5. Le procédé dont nous parlons apparaît même dans la chapelle palatine d'Aix ; déjà le roman s'y annonce par l'emploi des arcs doubleaux dans la rotonde inférieure tandis que l'absence des contreforts, le remplage des arcades de l'étage et la coupole appartiennent au style byzantin.

6. V. Gailhabaud, *Monuments anciens et modernes*, t. II.

lanterne couverte en coupole et posée sur quatre piles, est comme un compromis entre le plan grec et le plan latin. C'était, peut-être en France, avec le baptistère de Saint-Jean de Poitiers, l'édifice le plus remarquable de la période carlovingienne avant sa fâcheuse restauration. Elle est entièrement voûtée, et son abside principale est ornée de mosaïques.

D'autres églises restent fidèles au plan latin. On n'en peut guère montrer d'entières, mais l'église de Vignory (Haute-Marne), dont nous donnons la vue intérieure, reproduit assez bien l'église carlo-vingienne dans ses formes très frustes persistant à travers la période romane.

Cette église du X<sup>e</sup> siècle donne bien une idée de l'archi-tecture à la fin de l'ère qui nous occupe. Un bas-côté avec trois chapelles absidales entoure le chœur ; ces parties sont voû-tées, le reste est couvert en charpente apparente. Un faux triforium rappelle encore la tri-bune des basiliques romaines. La nef centrale n'a que cinq mètres de largeur.

Celle de Château-Landon est plus primitive encore d'allure. Son chœur est voûté ; ses nefs sont couvertes en charpente ; ses fenêtres sont très étroites. Celle de Bourbon Lancy est entièrement semblable.

Nef de l'église de Vignory
(Haute-Marne).

Nous avons dit que l'église de Charroux, fondée par Charlemagne et le comte de Roger d'Aquitaine, consacrée en 799, avait le chœur seul en pierre (il est conservé) et les nefs avaient été construites provisoirement en bois comme dans beaucoup d'autres églises de l'époque. On conserve une type d'église latine dans l'oratoire de Sainte-Blandine, à l'abbaye d'Ainay à Lyon, attribuée au X<sup>e</sup> siècle.

Nous avons parlé du plan que l'on a conservé, de la célèbre abbaye de Saint-Gall. Grâce aux légendes qui l'accompagnent, c'est le document le plus complet que nous possédions sur l'architecture carolingienne ([1]).

*Cryptes.* — Les cryptes carolingiennes sont encore très nombreuses, souvent accompagnées d'une confession ; elles sont couvertes de voûtes en berceau ou d'arêtes. Celle de Saint-Quentin date du commencement du IXe siècle. La partie souterraine de la cathédrale de Chartres contient deux cryptes carolingiennes.

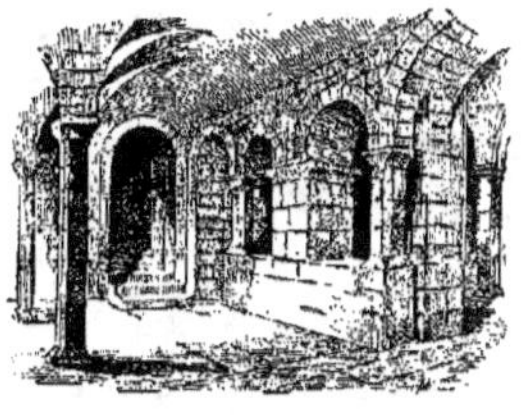

Crypte de Saint-Avit
à Orléans.

Orléans en possède deux, celle de Saint-Avit, et celle de Saint-Aignan plus ancienne, mais remaniée après l'incendie de 999.

La crypte de Saint-Paul de Jouarre, que nous avons citée comme un reste mérovingien, fut augmentée d'une seconde plus récente, dédiée à saint Ebrégisile. Un morceau d'architecture carolingienne complet et bien daté est la crypte de Saint-Germain d'Auxerre, élevée entre 843 et 850. Celle de Saint-Remi à Flavigny (Côte-d'Or) est le seul édifice de l'époque encore presque intact ([2]).

*Baptistères.* — Dès le VIe siècle l'usage de baptiser les enfants et de procéder par aspersion avait commencé à prévaloir. Les premiers baptistères étaient isolés de la basilique ; plus tard ils s'y soudent. Au IXe siècle, on trouve la cuve baptismale indiquée dans l'église même sur le célèbre plan de Saint-Gall.

Nous donnons plus haut d'après le R. P. de la Croix ([3]) la restitution du baptistère de Saint-Jean de Poitiers tel qu'il a du être édifié dès le IVe siècle. La figure ci-contre le représente dans son état actuel avec son abside en fer à cheval, ses absidioles latérales ajoutées au VIIe siècle, et les remaniements du XIe siècle en style

---

1. V. Alb. Lenoir, *L'architecture monastique dans la Revue de l'architecture et des travaux publics*, I-IX.

2. Citons encore, toujours d'après M. C. Enlart, les cryptes carolingiennes de Saint-Savinien à Lens, de Saint-Bénigne de Dijon, de Lemenc et du Bourget dans le Sud-Est, de Montmajore (taillée dans le roc), de Saint-Emmeran de Ratisbonne (980), de Petersberghe près de Fulda (IXe siècle), de Saint-Martin d'Emmerich (Xe siècle), de Jagithale en Wurtemberg, de Sainte-Cécile de Cologne, de Gernrode (crypte occidentale), de Zurich, de Saint-Lucius de Coire et de Saint-Gervais de Genève.

3. V. *Société française d'archéologie. Congrès de Poitiers en 1904*, p. 8.

carolingien. On retrouve dans la façade des imbrications et des ornements en frontons pareils à ceux des églises Saint-Généroux et de Cravant que nous indiquerons plus loin.

On garde à Riez un remarquable baptistère octogone et des vestiges de baptistères à Baptiste (Loire et Garonne), à Angers (édifices octogones), à Chambéry ([1]), à Aix, ainsi qu'à l'église d'Ainay à Lyon.

*Vestiges divers.* — Les restes d'églises carolingiennes étant des raretés, tous les jours plus précieuses, nous croyons bien faire de donner l'énumération des principaux.

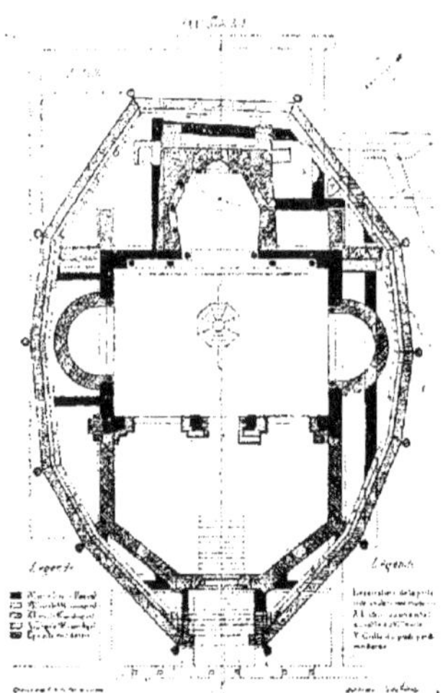

Plan actuel du baptistère

La nef de l'ancienne église de Beauvais, mentionnée par le cartulaire de l'église, comme l'ouvrage Hervé, contemporain d'Hugues Caput (✠ 990) ([2]), et qu'on nomme la *Basse-Œuvre*, est un des principaux spécimens de l'architecture de cette époque. D'autre part, l'église de Bourse en Artois, bien modeste d'ailleurs, présente une abside du temps. Plus modeste encore, celle de Bruay (Nord), qui leur était contemporaine, a malheureusement été détruite au siècle passé.

Également disparue est l'abbaye de Saint-Riquier, connue par un plan qu'a publié Mabillon (1677) dans les *Acta sanctorum ordinis sancti Benedicti* ([3]), d'après un dessin qui était, dit-on, vieux de cinq cents ans. Le cloître dessinait un carré dont l'un des côtés se prolongeait de manière à former un angle au sommet duquel se trouvait la chapelle de Saint-Benoît, consacrée en 798. Le côté occidental était occupé par l'église Notre-Dame, et au côté opposé du cloître vers le Midi, s'élevait le temple principal, construit vers 809. Ses colonnes avaient été apportées d'Italie. Il avait double abside, et une tour-lanterne couverte d'un dôme à chaque croisée. Cette église ressemblait à celle du Mont-Cassin.

Sur l'emplacement de la cathédrale de Chartres a existé une basilique carolingienne dont on a retrouvé des vestiges donnant une idée de l'ensemble. L'église de

---

1. V. Enlart, *ouv. cité*, t. II, p. 195.

2. V. de Caumont, *Abécédaire*, t. I, p. 8. V. Revoil, *Architecture romaine du Midi de la France.*

3. V. *Seculum IV*, t. I. — V. Enlart, *ouv. cité*, p. 156.

Saint-Christophe à Suèvre (Loir-et-Cher) est considérée comme carolingienne (¹) ;
elle aurait été bâtie au commencement du IXᵉ siècle, par Théodulphe, abbé
de Fleury.

M. Enlart cite encore comme de l'époque l'ancienne chapelle castrale d'Issoudun,
les restes du chœur de l'ancienne église de Déols, une partie de la petite église de
Saint-Pierre dans l'ancienne abbaye de Jumièges, les murs de la nef et le déambulatoire de la Couture du Mans ; les églises de Chanceaux, de Saint-Vincent sur
Risle, qui remontent peut-être au VIIIᵉ siècle. Le chevet de Gourgé à Parthenay
fut probablement élevé entre 889 et 942 (²).

Selon M. L. Maître, la curieuse église de Saint-Philibert de Grandlieu (actuelle
ment transformée en halle) est un type carolingien (³). Mais M. Brutails l'attribue à
l'époque romane, en admettant toutefois que la nef puisse être du IXᵉ siècle (⁴) ;
M. de Lasteyrie la croit aussi romane, mais il reconnaît que sa crypte est peu
postérieure à 836.

L'église romane de Saint-Jouin-les-Marnes est une des plus curieuses à étudier du
département des Deux-Sèvres (⁵). Les archéologues poitevins en attribuent la reconstruction aux XIᵉ-XIIᵉ siècles (1095-1130) sur la foi d'un passage de la *Chronique
de Maillezais*; mais elle offre encore aujourd'hui des parties bien plus anciennes (⁶).
Citons encore l'église de Valcabrère en Comminges.

M. de Lasteyrie a signalé (⁷) l'église de Peyrusse-Vieille, avec absides de chevet,
rondes en dedans, carrées au dehors et appareil réticulé. Il y trouve les caractères
carolingiens.

Le département de Maine et Loire possède un groupe de trois églises de l'époque :
celles de Savenières (⁸), de Distré et de Chatillon sur Thouet (⁹). De la curieuse
église de Distré il faut rapprocher celles de Cravant et de Saint-Lubin. Des vestiges
du temps se conservent de celles de Voutegou, de Gennes, d'Orchaise, de Vieux
Pont de Baie (¹⁰).

L'église de Saint-Généroux (Deux-Sèvres) (¹¹) était un beau spécimen de IXᵉ siècle

---

1. V. *L. Courajod*, par Marignan.
2. V. J. Berthelé, *Recherches sur les arts en Poitou*, p. 15, et *Revue poitevine et
saintongeaise*, t. I, 15 décembre 1884, p. 317.
3. L. Maître, *Une église carolingienne à Saint-Philibert de Grandlieu* (Loire-Inférieure),
dans le LIIIᵉ Congrès archéologique de France (1898), Paris, Picard. Cette église a été
voûtée vers 1200 ; la crypte et l'abside paraissent romanes.
4. V. *Bulletin archéologique du Comité des travaux d'art*, 1896, p. 524 : V. aussi
*Revue de l'Art chrétien*, 1896, p. 136 et le *Bulletin monumental*, 1896, p. 55 ; v. *Bulletin
archéologique* de 1896 et de 1900 ; *S. Philibert, sa vie, etc.* Nantes, 1898 ; *Congrès, archéologique*, 63ᵉ session.
5. M. Jos. Berthelé lui a récemment consacré une monographie.
6. M. G. de Cougny, *Revue poitevine*.
7. *Antiquaires de France*. Séance du 3 mai 1893.
8. V. Gailhabaud, *Monuments anciens et modernes*, t. II.
9. B. Ledain, *Bulletin de la Société des Antiquaires de l'Ouest*, 4ᵉ trim., 1880, p. 162.
10. V. de Caumont, *Abécédaire*.
11. V. Gailhabaud, *L'architecture du Vᵉ siècle*, t. III. Courajod n'accepte pas Saint-
Généroux comme carolingienne, mais bien Saint-Jean de Marne, Vertou et Suèvre.

avant qu'elle ne fût gâtée par une mauvaise restauration. Celle de Tourtenay est carolingienne selon M. Enlart, ainsi que l'abside de Rugles.

Les substructions de la cathédrale de Clermont remontent, selon Viollet-le-Duc, à 966. L'église de Chamalières près de Clermont est aussi du X⁵ siècle. Nous avons dit que l'abside de la cathédrale de Vaison est mérovingienne ; le chœur et les murs des bas-côtés sont de 910. On connaît en Lyonnais trois édifices du X⁵ siècle authentiquement datés : Sainte-Marie (928-948), Saint-Martin d'Ainay, achevé vers 960, et l'abbatiale de l'Ile-Barbe (¹).

La façade remarquable de l'abbaye de Lorsch près de Worms, avec son beau porche à trois arcades, serait, d'après Savelsberg et Foerster, un reste de la chapelle funéraire de Louis le Germanique, élevée vers 880. La basilique de Steinbach, dans la Hesse, serait une construction d'Éginhart. L'abside occidentale de Saint-Sauveur de Fulda date du début du IX⁵ siècle, et Sainte-Marie de Reichenau, des IX⁵ et X⁵ siècles. Werden a gardé de l'époque, outre Saint-Étienne, les restes de l'abbaye bénédictine de Saint-Sauveur, fondée en 815. Au X⁵ siècle remontent l'abbatiale de Herfeld, l'église palatine de Ingelhein et l'église de Gernrode.

*Caractères généraux.* — Voici, résumés d'après Revoil (²), les caractères du style carlovingien :

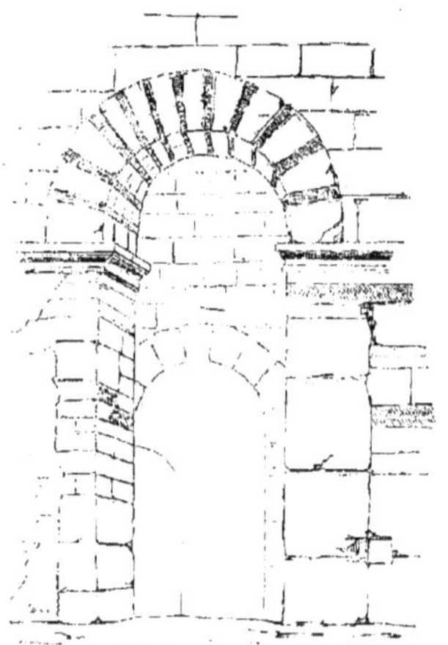

Lyon. — Arcades de la basilique de Saint-Irénée (4).

1º Profils et sculptures imités de l'art antique et gauchement rendus.

2º Construction en grands carreaux de pierre ; intervalles et chaînes parfois remplis par de la maçonnerie de petit appareil.

3º Taille en *chevron* ou en *fougère*.

4º Sigles en lettres imitées de l'alphabet romain particulièrement dans la forme de l'H, du C et de l'M ; terminaison en queue de poisson de ces caractères.

5º Travail pointillé sur ces appareils (³).

L'arc en fer à cheval persiste après le style carolingien. Notamment en Languedoc, par exemple à Saint-Philibert de Grandlieu et en Belgique, à Tournai.

---

1. V. *Antiquaire de France*, avril-mai, 1893.

2. Revoil, *Architecture romane du Midi de la France*. Appendice : *Documents relatifs au classement chronologique de l'architecture romane du Midi de la France*, pp. 24 et suiv.

3. Lahondes, *Bulletin archéologique*, 1896.

4. *Mém. de la Société archéologique de Montpellier*, 1⁵ série, vol. I, p. 342.

L'architecture carlovingienne ne connaît pas le pilier cruciforme, ni les arcades à ressauts, ni les églises à trois nefs voûtées.

Les caractères indiqués par Prosper Mérimée et depuis par M. Jules Renouvier sont moins précis et peut-être un peu larges. Selon M. Bonnet ([1]), ce qui caractérise l'époque carlovingienne, ce n'est pas tant l'imitation de l'art antique, ni un type de plan ou de décoration, mais la dégénérescence des traditions latines par l'appoint des éléments barbares dus aux Francs.

*Appareil* ([2]). — Les modes de construction empruntés aux ouvrages gallo-romains persistent; la brique alterne avec la pierre, surtout dans les arcades, comme on le voit à Saint-Martin d'Angers, à Save-

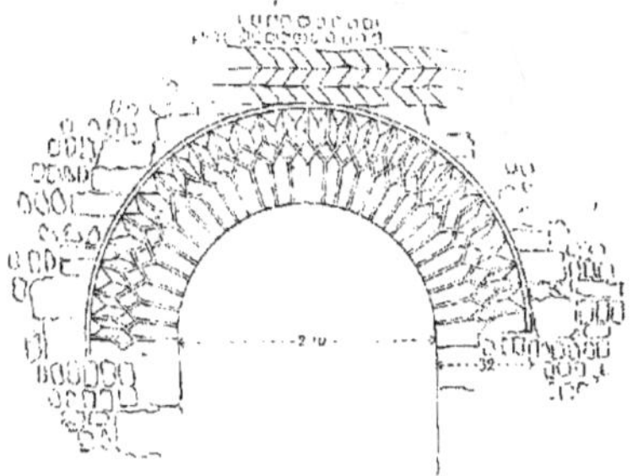

Église de Distré (Maine et Loire).

nières, à Vieux-Pont Saint-Anges, à la Basse-Œuvre de Beauvais([3]). Des lignes de briques marquent des cordons et des archivoltes. Le gros œuvre est en petit appareil romain, cubique ou réticulé *(opus reticulatum)*; souvent imbriqué, en arètes de poisson *(opus spicatum)*. Il est orné d'entrelacs, de zigzags, de jets de briques.

L'appareil des murs est essentiellement décoratif. Nous sommes à une époque où la membrure, si pompeuse, des édifices antiques, est tombée en désuétude ; les organes de la structure romane ne sont pas encore créés; par suite, le seul or-

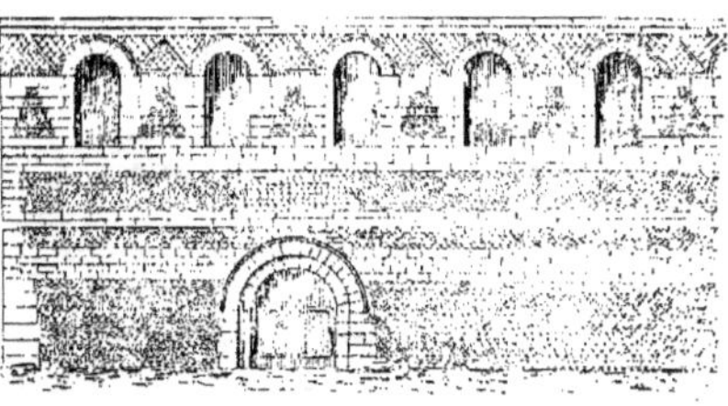

Église de Saint-Généroux (Deux-Sèvres) ([4]).

nement possible est celui que peut offrir l'appareil complexe et imbriqué dont les Romains ont donné l'exemple.

1. *Comité des travaux historiques, Bulletin archéologique*, 2e liv. 1904.
2. V. Viollet-le-Duc, *Dictionnaire d'architecture*, t. IV, p. 4.
3. V. J. Brutail, *Bulletin monumental*, 1880, p. 320.
4. D'après Lechevallier Chevignad, *Histoire des styles*. — V. *Congrès archéologique de Poitiers*, 1903, p. 74.

Un décor fréquent consiste dans des dessins formés par l'appareil même, et dessinant des frontons qui alternent avec les cintres des baies. Cet ornement a son type à l'église de Saint-Généroux, dont nous reproduisons la façade latérale; il se reproduit identiquement de même à Cravant (Maine et Loire), à Savenières, ainsi qu'au baptistère de Saint-Jean de Poitiers, dans les reconstructions carlovin-

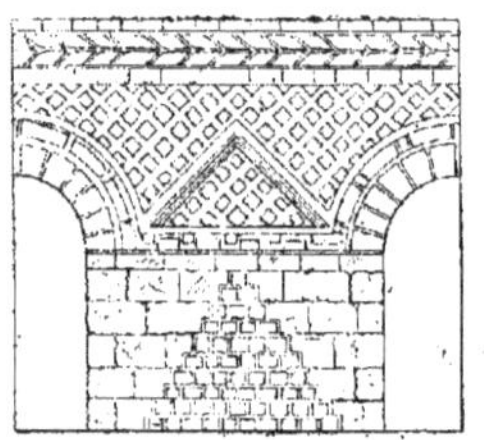

Église de Saint-Généroux.

giennes. Des dessins en zigzag, en losange, en fougère, se voient à une porte de l'église de Distré (Maine et Loire), aux archivoltes de Notre-Dame de Nantilly, à la façade de l'église de Saint-Pierre (Isère), à celle de l'abbaye de Lorsch.

L'ornementation de l'époque se caractérise par un dessin géométrique ou fantastique, en relief méplat ou en gravure.

Les sculptures de l'époque sont rares [1]. L'entrelac est le décor le plus caractéristique aux VIIIe et IXe siècles [2].

*Baies des fenêtres.* — Les fenêtres sont très petites; la difficulté des percements voûtés dans l'épaisseur des gros murs les réduisait à des lumières étroites; au surplus l'idée de défense dominait dans les églises, du VIIIe au XIIe siècle. Les bas-côtés des églises n'a-

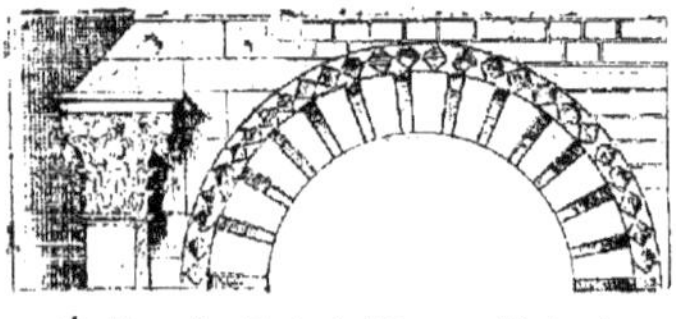

Église de Saint-Pierre (Isère).

vaient souvent pour fenêtres que des sortes de meurtrières, comme on le voit encore à Jumièges.

Les archivoltes, relativement larges, sont ornées de billettes. (V. Saint-Généroux, Cravant, Saint-Jean de Poitiers.)

Deux fenêtres qu'on peut dater d'environ 1020, découvertes dans les cryptes de la cathédrale de Chartres, ont conservé fidèlement le dispositif de l'époque carlovingienne [3]. De cette époque même semble dater la curieuse fenêtre de l'église de Château-Landon, que nous reproduisons d'après Sauvegeot, et dans laquelle on a retrouvé un châssis en bois qui a contenu des vitraux.

1. On peut citer celles qui sont conservées à Saint-Guillaume-les-Désert.
2. V. L. de Farcy, *Bulletin monumental*, année 1906, p. 83.
3. V. *Revue de l'Art chrétien*, 1892, p. 16.

« Si je n'ose prétendre, dit M. de Lasteyrie, que de véritables vitraux peints aient décoré les fenêtres de ces églises mérovingiennes dont Fortunat nous a laissé de si brillantes descriptions, je suis convaincu que l'on faisait déjà des vitraux proprement dits, c'est-à-dire des vitres ornées de figures, dès les temps carolingiens.

Le fait est incontestable à tout le moins pour le Xe siècle. Nous savons en effet que s'archevêque Adalbéron, dans la seconde moitié du Xe siècle, orna de vitres à personnages des fenêtres de la cathédrale de Reims ([1]). »

*Portes.* — Les portes sont très simples. L'oratoire carlovingien de Nimègue, datant du IXe siècle, offre une porte en plein cintre appareillée par claveaux sans moulures ni ornements ([2]).

Nous avons donné, en nous occupant des appareils, la disposition du portail de l'église de Distré, et celui de Saint-Pierre en Isère. C'est un plein cintre avec claveaux de formes spéciales imbriquées, mais sans moulures. A. de Caumont donne encore une porte de

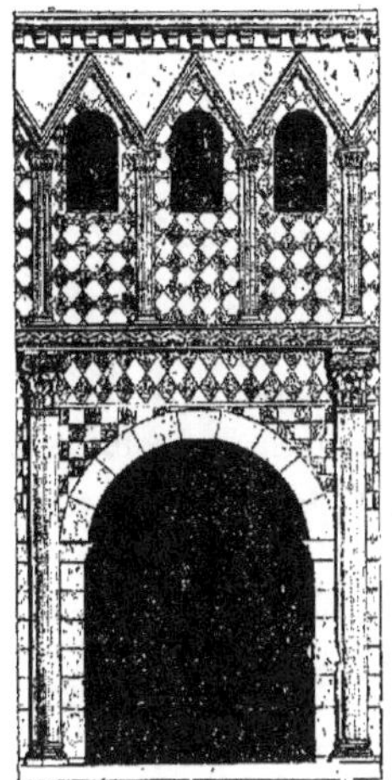

Abbatiale de Lorsch.— Une des trois travées du portail.

l'église de Cravant (près de Chinon), elle est munie d'une moulure formant larmier ; la porte de l'église du Vieux-Pont (baie rectangulaire avec linteau déchargé par un arc ; autour de l'arc, larmier saillant) ; et celle de Saint-Christophe à Suèvres (archivolte en plein cintre dans laquelle les briques alternent avec les pierres ; pas de moulures.)

*Piliers.* — La colonne isolée est très rare à l'époque carlovingienne, comme maître support ; quand elle existe, elle est une copie bâtarde de la colonne corinthienne antique. Outre le pilier quadrangulaire, indiqué plus haut, dont l'imposte qui ne fait pas le tour du pilier, mais se profile en saillie seulement sous

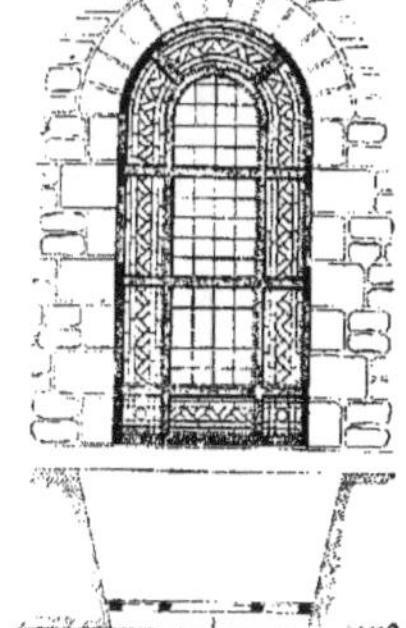

Château-Landon, fenêtre avec châssis en bois.

---

1. V. de Lasteyrie, *Semaine religieuse de Meaux*, 9 février 1895.
2. Reusens, *ouvr. cité*, t. I, p. 286.

l'arcade, on rencontre des supports munis d'un tailloir caractéristique, *biseauté*, offrant la forme d'une pyramide tronquée et renversée, dont les faces sont ornées d'un cartouche en trapèze. Au surplus les bases reproduisent les formes des chapiteaux renversées. Dans cette forme et dans la similitude de la base et du chapiteau, l'on peut voir un souvenir du poteau de charpenterie octogonal, maintenant son équarrissage primitif à la tête et au pied, variante de l'amortissement sphérico-cubique du poteau scandinave.

On remarque, avons-nous dit, des cartouches en trapèze, en relief sous le large biseau des impostes ; ils sont ornés de baguettes en saillie sur leurs angles. Le double cartouche est plus ancien que le simple ; cette disposition se maintient d'ailleurs jusqu'au XI^e siècle. De pareils chapiteaux se voient à la crypte de Saint-Benoît sur Loire, à celle d'Auxerre, à Saint-Avit et à Saint-Aignan d'Orléans.

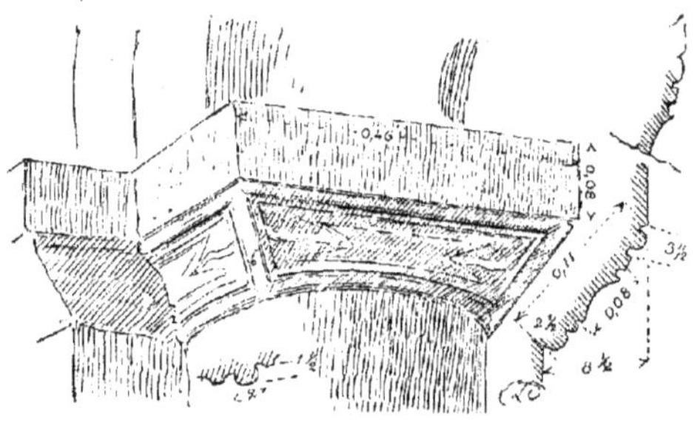

Chapiteau d'un pilier de la crypte d'Auxerre.

*Arcades.* — Les arcades, percées à travers des murs massifs ont des archivoltes à fleur de mur et à vives arêtes, retombant sur leurs pieds droits par l'intermédiaire d'une imposte caractéristique qui s'arase, comme nous l'avons dit, au nu du mur vers les têtes, et dépasse sous le cintre avec une moulure bâtarde à doucine. Elles sont souvent appareillées par assises alternatives de pierres et de briques.

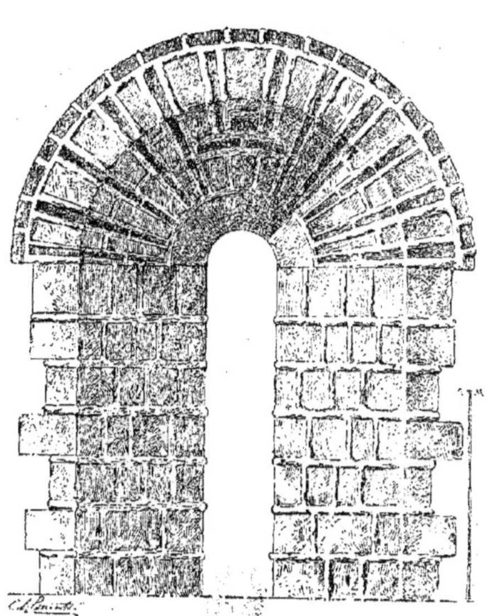

Fenêtre de la crypte de Chartres.

# TABLE DES MATIÈRES.

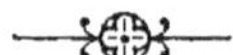




Imprimé par Desclée, De Brouwer & Cie, LILLE-PARIS-BRUGES.

# TRACTS ARTISTIQUES

par L. CLOQUET, secrétaire de la *Revue de l'Art chrétien.*
Édition en fascicules petit in-4°. Chaque volume 1 fr. 50.

*ONT PARU :*

I.   L'art monumental des Égyptiens et des Assyriens,
100 pp., 55 gravures.

II.   L'art monumental des Indous et des Perses, 98 pp.,
4 magnifiques planches hors texte et 50 gravures dans
le texte.

III. L'art monumental de la Grèce, 102 pp., 78 gravures.

IV. L'art monumental des Romains, 104 pp., et 61 grav.

V.   L'art monumental des Latins, 104 pp., 97 gravures.

En vente à la Société Saint-Augustin et chez
tous les libraires.